KB250865

독학 일본어 첫걸음

최윤경 지음

정진출판사

개정판을 내며

『21세기 신경향 일본어첫걸음』이 세상의 빛을 본 지도 여덟 해가 훌쩍 넘었습니다. 그 동안 미흡한 부분이 많음에도 불구하고 소중한 인연을 맺어 일본어 학습 입문에 함께 해주신 독자 여러분. 멀리에서도 넘치는 격려의 말씀 아끼지 않으셨던 많은 분들께도 이렇게 지면을 빌어서나마 감사의 마음 전합니다.

'세상은 아는 만큼 보인다.'

학생들에게 일정한 동기를 부여하기 위해 자주 인용하는 말이지만, 저 또한 삶을 살아감에 있어 이보다 더한 진리는 없다는 생각을 합니다.

사람마다 누릴 수 있는 삶의 범위가 한계 지워져 있지 않은 바에는 끝없는 도전과 성취로 새로운 지평을 넓혀가야 함은 그래서 당연한 것이겠지요.

그런 의미에서 '일본어'라는 새로운 세계에 도전장을 내민 초보 학습자들을 위해 본 책이 작은 디딤돌이 되었으면 합니다.

저마다 다양한 계기와 목표를 가지고 이제 막 첫걸음을 떼기 시작한 일본어 학습자들이 기초단계에서 꼭 마스터해야 할 내용을 중심으로 좀더 쉽고 체계적으로 학습할 수 있도록 노력하였습니다.

다른 외국어에 비해 상대적으로 쉽게 다가오는 일본어이지만, 일본어 학습에 있어서도 왕도는 없습니다. 유창한 외국어 실력은 하루하루 꾸준한 발걸음으로 시간을 쌓듯 노력하고 투자하는 사람에게만 주어지는 소중한 결실인 것입니다.

아울러 언어란 그 나라의 역사와 문화를 이해했을 때 더 긴 생명력을 지니게 되는 것인 만큼 열린 마음으로 사고하고 이해하고자 하는 노력 또한 외국어 학습의 필수 조건이라 하겠습니다.

아무쪼록 처음의 열정과 각오를 잊지 마시고, 더디 가더라도 결코 지치지 않는 발걸음이 이어져, 마침내 알찬 결실을 맺는 성취의 기쁨이 함께 하시길 진심으로 바랍니다.

많은 어려움에도 불구하고 한길로 매진하시는 정진출판사 여러분께 존경과 감사를 드리며, 언제나 든든한 버팀목이 되어 주는 나의 가족과 깊은 애정과 신뢰로 지켜봐 주시는 선후배님들께도 사랑과 감사의 마음을 전하고 싶습니다.

최 윤 경

이 책은 초보자들이 혼자서도 쉽게 배울 수 있도록 아주 체계적이면서 과학적으로 꾸민 일본어 기초 교재입니다. 또한 일본어의 기초과정인 발음부터 시작, 간단한 문장에서 점차 기본적인 문장을 전개함으로써 일본어의 특성을 이해하고 독자적인 응용까지 가능하도록 꾸며져 있습니다. 각 파트의 특징을 잘 살려 공부해 주기 바랍니다.

① point

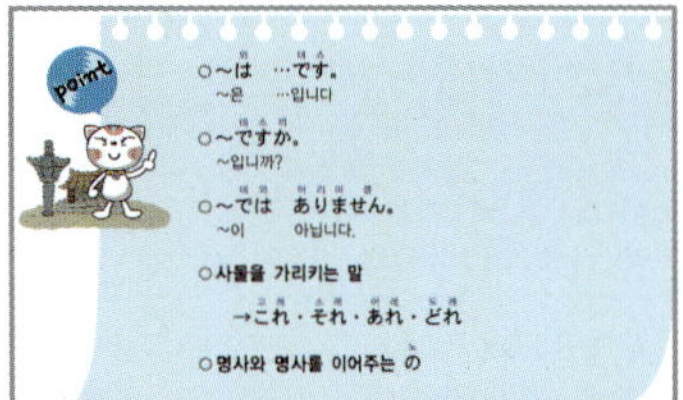

그 과의 가장 핵심적이면서 기본적인 문형의 요점만을 뽑아 정리해 놓았습니다.

② 본문

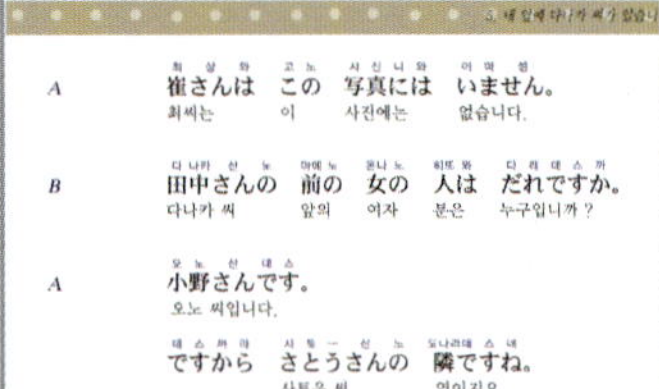

전체를 난이도에 따라 20과로 구성, 1~5과는 본문 전체에 우리말 토를, 6~10과는 신출어휘 중심으로, 11~15과는 한자에만, 16~20과는 우리말 토를 완전 삭제하는 형식을 취했습니다.

③ 문법포인트

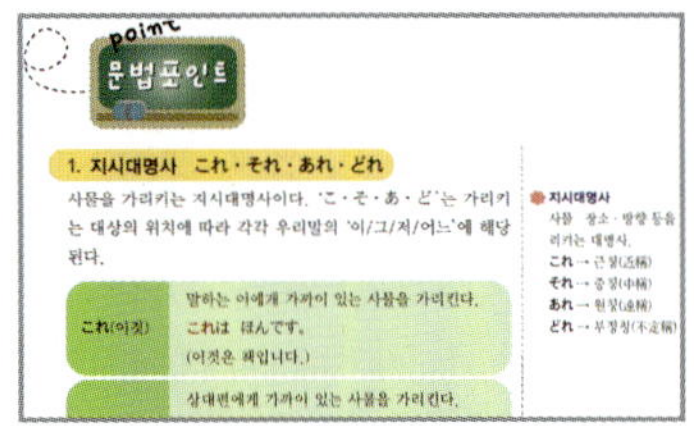

반드시 알아두어야 할 기본적인 문법 사항 등을 충분한 예문 제시와 함께 설명하였습니다.

④ 한걸음 더

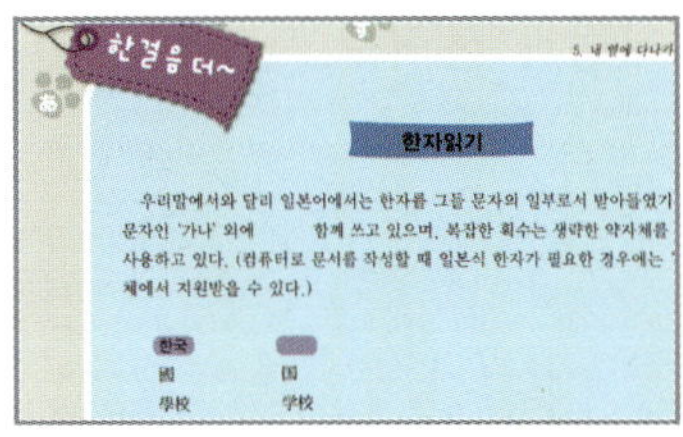

문법포인트에서 자세하게 다루지 못한 중요 문법 사항을 이해하기 쉽게 정리해 놓음으로써 부족한 문법 설명을 보충하였습니다.

⑤ 어휘력을 키우자

본문에서 다루지 못한 어휘력을 보강하기 위해 그림과 함께 수록하였습니다.

⑥ 회화

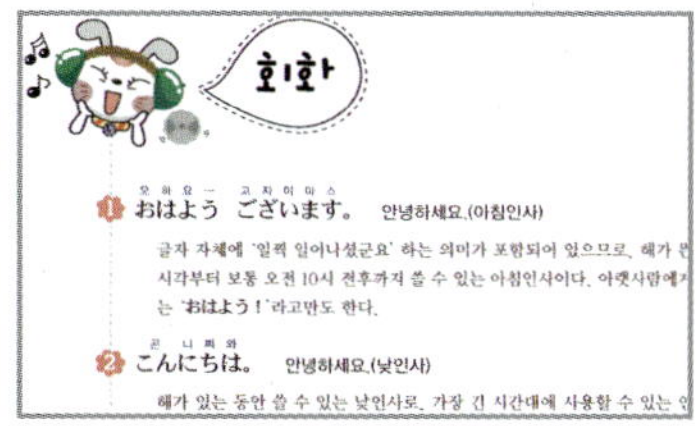

일상생활을 통해 흔히 주고받는 내용의 대화를 그림과 함께 수록해 놓음으로써 기본적인 회화 능력을 기르도록 하였습니다.

⑦ 연습문제

그 과에서 배운 내용을 다시 한번 복습하고 응용할 수 있도록 다양한 문제로 꾸몄습니다.

⑧ 일본 엿보기

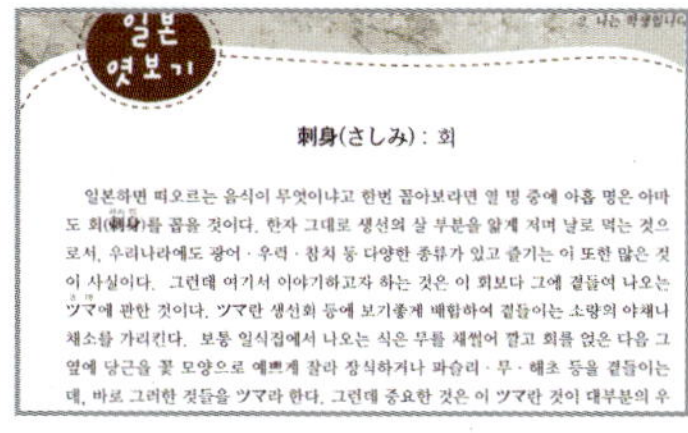

일본 문화와 풍속을 소개함으로써 지루하지 않은 학습을 유도했습니다.

한 가지 독자 여러분께 당부드리고 싶은 것은 이 책의 본문 1~15과에 한글로 병기된 각 단어의 발음은 단지 참고로만 활용하시고 정확한 발음은 CD에 녹음된 일본 현지인의 발음을 따라하면서 습득하시기를 바랍니다.

차 례

차 례

■부록 ─ 일본어 쓰기교본

일본어의 문자

일본어의 문자는 고유문자인 **히라가나**(ひらがな)와 **가타카나**(カタカナ), 그리고 **한자**로 나눌 수 있다.

히라가나(ひらがな)와 가타카나(カタカナ)는 가나(仮名)라 하는데, 한자로부터 모양을 본뜨거나 빌려와서 만든 문자임을 뜻한다.

1. 히라가나(ひらがな)

히라가나(ひらがな)는 한자의 초서체를 본떠 만든 부드러운 느낌의 글자로서 **일반적인 문장을 표기**할 때 한자와 함께 기본적으로 쓰이는 문자이다.

2. 가타카나(カタカナ)

가타카나(カタカナ)는 한자의 일부를 따거나 획을 간단히 하여 만든 문자로서 **외국의 지명·인명·의성어·의태어·외래어 등을 표기**할 때 사용하는데, 외래어 사용의 비율이 늘고 각종 간판이나 이정표에도 가타카나(カタカナ)가 많이 쓰이므로, 히라가나(ひらがな)와 마찬가지로 중요한 문자이다.

3. 한자(漢字)

우리나라에서 한자와 한글을 혼용하여 쓰고 있듯이, 일본에서도 한자와 일본문자인 가나(仮名)를 함께 쓰고 있다. 한자를 읽을 때에는 우리말처럼 음으로만 읽지 않고 음독(音読), 훈독(訓読) 또는 음과 훈을 섞어서 읽는다. 음독은 한자를 일본어화한 음으로 읽는 방법이고 훈독은 한자의 뜻으로 새겨서 읽는 방법이다. 예를 들면, '江'이라는 한자는 우리말로는 '강'이라고밖에 읽을 수 없지만 일본어에서는 음독으로는 'こう(코우)', 훈독으로는 'え(에)'라고 읽는다.

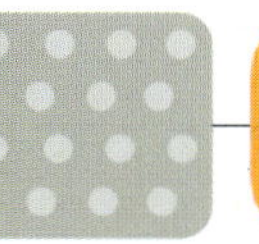

50음도(五十音図)

　　히라가나(ひらがな)와 가타카나(カタカナ) 각각 46개의 기본 글자를 발음 체계에 맞춰 하나의 표로 정리한 것을 50음도라 한다. **10개의 행(行, 가로줄)과 5개의 단(段, 세로줄)으**로 구성되어 있으며, 각 글자의 음가(音価)를 나타내는 중요한 그림이다.

　　50음도를 읽는 방법은 행과 단으로 구분하는데 예를 들어 'し'는 さ행의 い단 글자인 셈이다.

ひらがな(히라가나)

	あ단	い단	う단	え단	お단
あ행	あ a	い i	う u	え e	お o
か행	か ka	き ki	く ku	け ke	こ ko
さ행	さ sa	し shi	す su	せ se	そ so
た행	た ta	ち chi	つ tsu	て te	と to
な행	な na	に ni	ぬ nu	ね ne	の no
は행	は ha	ひ hi	ふ hu	へ he	ほ ho
ま행	ま ma	み mi	む mu	め me	も mo
や행	や ya		ゆ yu		よ yo
ら행	ら ra	り ri	る ru	れ re	ろ ro
わ행	わ wa				を o
ん n					

カタカナ(가타카나)

	ア단	イ단	ウ단	エ단	オ단
ア행	ア a	イ i	ウ u	エ e	オ o
カ행	カ ka	キ ki	ク ku	ケ ke	コ ko
サ행	サ sa	シ shi	ス su	セ se	ソ so
タ행	タ ta	チ chi	ツ tsu	テ te	ト to
ナ행	ナ na	ニ ni	ヌ nu	ネ ne	ノ no
ハ행	ハ ha	ヒ hi	フ hu	ヘ he	ホ ho
マ행	マ ma	ミ mi	ム mu	メ me	モ mo
ヤ행	ヤ ya		ユ yu		ヨ yo
ラ행	ラ ra	リ ri	ル ru	レ re	ロ ro
ワ행	ワ w				ヲ o
ン n					

일본어 발음의 특징은 **우리말보다 전반적으로 여린소리가 나며**, 한 글자가 정확히 1박자의 길이를 갖는데, 이때 **1박자의 길이는 보통 우리말 1박자보다 약간 짧으므로** 전체적으로 약간 빠른 템포의 소리를 내게 된다는 점에 유의할 필요가 있다 .

정확히 말해서 **외국어로서의 일본어 발음에는 우리말과 똑같은 음은 없다.** 따라서 일본어의 기본 발음을 익힐 때부터 우리말과의 공통점보다는 차이점에 주의하면서 학습해 나가는 것이 중요하다.

일본어 발음은 그 특징에 따라 청음·탁음·반탁음·요음·촉음·장음·발음 7가지로 나눌 수 있다.

1. 청음(淸音)

성대의 울림 없이 맑은 소리를 내는 음을 말하며, 50음도 중 마지막 'ん'을 제외한 글자의 기본음을 뜻한다.

あ a　い i　う u　え e　お o

우리말 '아·이·우·에·오'와 비슷하다. 단, 'う'는 '우'와 '으'의 중간음에 해당하는데, 우리말 '우'를 발음할 때처럼 입술을 앞으로 내밀지 않도록 주의하면서 '우' 소리를 내본다. 이런 현상은 모든 う단 글자에 적용된다.

か ka　き ki　く ku　け ke　こ ko

우리말 '카·키·쿠·케·코 '와 비슷하며, 우리말의 'ㅋ'보다는 힘을 빼고 발음한다. 단어의 중간이나 끝에 오면 'ㄲ'에 가까운 소리가 된다. 'く'는 입술을 앞으로 내밀지 않도록 주의한다.

さ sa　し shi　す su　せ se　そ so

우리말 '사·시·스·세·소'에 가깝다. 'す'는 '수'와 '스'의 중간음이다. 즉, 입술을 앞으로 내밀지 않도록 주의한다.

た ta ち chi つ tsu て te と to

'た·て·と'는 우리말 '타·테·토'와 비슷하나 힘을 빼고 소리내며, 단어의 중간이나 끝에 오면 'ㄸ'에 가까운 소리가 된다. 'ち'는 단어 첫머리에 오면 '치'쪽에, 단어의 중간이나 끝에 오면 '찌'쪽에 가깝게 소리낸다.
'つ'는 가장 어려운 발음으로 많은 연습이 필요하다. 입술을 앞으로 내밀지 않도록 주의하면서 'ㅊ'와 'ㅉ'의 중간음에 가깝게 소리낸다.

な na に ni ぬ nu ね ne の no

우리말 '나·니·누·네·노'에 가깝다. 'ぬ'는 입술을 내밀지 않도록 주의한다.

は ha ひ hi ふ hu へ he ほ ho

우리말 '하·히·후·헤·호'와 비슷하다. 'ふ'는 입술을 내밀지 않도록 주의한다.

ま ma み mi む mu め me も mo

우리말 '마·미·무·메·모'와 비슷하다. 'む'는 입술을 내밀지 않도록 주의한다.

や ya ゆ yu よ yo

우리말 '야·유·요'에 가깝다.

ら ra り ri る ru れ re ろ ro

우리말 '라·리·루·레·로'에 가깝다. 단 영어발음의 'r'처럼 혀를 완전히 굴리지 않고 소리내야 함에 유의한다. 'る'또한 입술을 앞으로 내밀지 않도록 주의한다.

わ wa を o

우리말 '와·오'에 가깝다. 'を'는 'お'와 발음이 똑같고, 목적격조사 '~을/를'로만 쓰인다.

2. 탁음(濁音)

탁음이란 **성대의 울림이 섞여 탁한 소리**가 나는 음을 말한다.
か · さ · た · は행 4개 행 글자의 오른쪽 어깨에 탁음부호 ' ˚ '를 찍어서 표시한다.

が행	が ga	ぎ gi	ぐ gu	げ ge	ご go
ざ행	ざ za	じ ji	ず zu	ぜ ze	ぞ zo
だ행	だ da	ぢ ji	づ zu	で de	ど do
ば행	ば ba	び bi	ぶ bu	べ be	ぼ bo

が | ga　ぎ | gi　ぐ | gu　げ | ge　ご | go

우리말의 '가 · 기 · 구 · 게 · 고'와 비슷하나 성대의 떨림이 좀 더 강하다. 예를 들어 'が'는 우리말 '으가'를 발음할 때의 '가'와 비슷한 소리이다. 단어의 중간이나 끝에 올 때는 콧소리가 좀 더 섞여 나는 경우도 있으니 두 가지 발음을 함께 알아두자.
 • **ながさき**(지명) : 나가사끼/ 낭아사끼
탁음은 우리나라 사람들이 구별하기 힘든 부분인 만큼 처음 단어를 익힐 때부터 신경써서 발음하고 알아들을 수 있도록 연습해야 한다.

ざ | za　じ | ji　ず | zu　ぜ | ze　ぞ | zo

우리말 '자 · 지 · 즈 · 제 · 조'에 가까우며, 성대의 떨림이 좀 더 섞인 소리를 낸다.

だ | da　ぢ | ji　づ | zu　で | de　ど | do

우리말 '다 · 지 · 즈 · 데 · 도'에 가깝다. 'ぢ · づ'는 각각 'じ · ず'와 발음이 같으므로, 문자 사용에 있어 'ぢ · づ'는 특별한 경우에만 쓰이고 보통은 'じ · ず'가 많이 쓰인다.

ば | ba　び | bi　ぶ | bu　べ | be　ぼ | bo

우리말 '바 · 비 · 부 · 베 · 보'에 가깝다. 'ぶ'는 입술을 내밀지 않도록 주의한다.

3. 반탁음 (半濁音)

탁음보다 덜 탁한 소리를 내는 글자들이다. 오른쪽 어깨에 반탁점 ' ° '을 찍는다.
は행에만 있다.

ぱ |pa   ぴ |pi   ぷ |pu   ぺ |pe   ぽ |po

우리말 '파·피·푸·페·포'에 가까우며, 단어의 중간이나 끝에 오면 'ㅃ'에 가까운 소리가
난다.

4. 요음(拗音)

50음도의 **い단 글자 (き·ぎ·し·じ·ち·に·ひ·び·ぴ·み·り)의 오른쪽 아래에 'や·
ゆ·よ'를 각각 글자의 절반 크기로 작게 붙여 쓴 글자**가 내는 음을 말한다. 주의할 것은 앞
에서도 말했듯이 일본어의 모든 발음은 한 글자가 1박자의 길이를 갖는데 **유일하게 작게 쓰
인 'や·ゆ·よ'만 박자로 세지 않는다.** 따라서 'きゃく'는 2박자 단어로서 '갸꾸'라고 읽어야
한다. 요음의 유무에 따라서 단어의 뜻이 달라지는 경우도 있으니 주의해서 발음해야 한다.

きゃ kya	きゅ kyu	きょ kyo		ぎゃ gya	ぎゅ gyu	ぎょ gyo
しゃ sha	しゅ shu	しょ sho		じゃ zya	じゅ zyu	じょ zyo
ちゃ cha	ちゅ chu	ちょ cho		びゃ bya	びゅ byu	びょ byo
にゃ nya	にゅ nyu	にょ nyo				
ひゃ hya	ひゅ hyu	ひょ hyo		ぴゃ pya	ぴゅ pyu	ぴょ pyo
みゃ mya	みゅ myu	みょ myo				
りゃ rya	りゅ ryu	りょ ryo				

しゃしん [샤시 ㄴ] 사진   きょう [쿄-] 오늘
じゅうしょ [쥬-쇼] 주소
비교 病院(びょういん) 병원 / 美容院(びよういん) 미용실

5. 촉음 (促音)

작게 쓰인 'っ'의 발음을 말한다. 뒤에 오는 글자의 영향을 받는데, 바로 뒤에 오는 글자의 자음으로 발음된다고 생각하면 된다.

우리말의 받침과 비슷한 역할을 하지만, **받침은 아니므로 1박자 길이만큼 발음해 주어야 한다는 것에 주의**한다.

> • か행 앞에서 /k/ — よっか [요ㅋ까] 나흘   ゆっくり [유ㅋ꾸리] 천천히
> • さ행 앞에서 /s/ — いっさつ [이ㅅ사쯔] 한 권   ざっし [자ㅅ시] 잡지
> • た행 앞에서 /t/ — よかった [요까ㅌ따] 다행이다   きって [키ㅌ떼] 우표
> • ぱ행 앞에서 /p/ — いっぱい [이ㅍ빠이] 한 잔   きっぷ [키ㅍ뿌] 표

6. 장음(長音)

말 그대로 **길게 소리내는 음**이다. 일본어의 장음은 '**あ · い · う · え · お**'를 활용, 앞 글자를 **두 배 길이로 늘여서 길게 발음**한다. 장음의 유무에 따라 단어 뜻이 달라지기도 하므로, 장,단음에 민감하지 않은 우리나라 사람들은 특히 유의하여 발음할 필요가 있다.

① あ단 글자 다음에 오는 'あ'를 따로 읽지 않고, 앞 글자를 두 배 길이로 늘여서 발음한다.
　　おかあさん [오까-사ㅇ] 엄마
　　おばあさん [오바-사ㅇ] 할머니　　*cf)* おばさん [오바사ㅇ] 아주머니

② い단 글자 다음에 오는 'い'를 따로 읽지 않고, 앞 글자를 두 배 길이로 늘여서 발음한다.
　　おにいさん [오니-사ㅇ] 형, 오빠
　　おじいさん [오지-사ㅇ] 할아버지　　*cf)* おじさん [오지사ㅇ] 아저씨

③ う단 글자 다음에 오는 'う'를 따로 읽지 않고, 앞 글자를 두 배 길이로 늘여서 발음한다.

　　くうき [쿠–끼] 공기　　　　　　　　じゅうぶん [쥬–부ㅇ] 충분

④ え단 글자 다음에 오는 'え, い'를 따로 읽지 않고, 앞 글자를 두 배 길이로 늘여서 발음한다.

　　おねえさん [오네–사ㅇ] 언니, 누나　　　えいが [에–가] 영화

⑤ お단 글자 다음에 오는 'お, う'를 따로 읽지 않고, 앞 글자를 두 배 길이로 늘여서 발음한다.

　　とおい [토–이] 멀다　　　　　　　　おとうさん [오또–사ㅇ] 아빠

※ 가타카나의 장음은 '–'로 표기한다.

　　메일 : メール　　　　아파트 : アパート　　　커피 : コーヒー

7. 발음(撥音)

ん의 발음을 뜻하며, 'はねるおん'이라고도 한다. 뒤에 오는 음의 영향을 받아 **우리말의 받침 'ㅇ · ㄴ · ㅁ'과 비슷한 역할을 하지만**, 이 음 역시 **1박자의 길이만큼 발음**해 주어야 한다는 것에 유의해야 한다.

'ん'은 뒤에 오는 글자에 따라 다음 네 가지 음으로 구분할 수 있다.

① **ㅇ** : 'ん' 뒤에 か행, が행 글자가 올 때
　　かんこく [카ㅇ꼬꾸] 한국　　　　　　りんご [리ㅇ고] 사과

② **ㄴ** : 'ん' 뒤에 'な · た · ら · さ · だ · ざ'행 글자가 올 때
　　ほんとう [호ㄴ또–] 사실　　　　　　おんな [오ㄴ나] 여자
　　せんせい [세ㄴ세–] 선생님　　　　　うんどう [우ㄴ도–] 운동

③ **ㅁ** : 'ん' 뒤에 'ば · ぱ · ま'행 글자가 올 때. 이때 주의할 점은 입술을 완전히 붙여서 'ㅁ' 소리를 내야 한다는 것이다.
　　しんぶん [시ㅁ부ㅇ] 신문　　　　　　えんぴつ [에ㅁ삐쯔] 연필

④ **N** : 위의 ①②③을 제외한 나머지 경우 또는 'ん'으로 끝나는 경우, ㄴ과 ㅇ의 중간음에 가깝게 소리낸다.
　　でんわ [데ㅇ와] 전화　　　　　　　　すみません [스미마세ㅇ] 미안합니다

これは　なんですか。

이것은 무엇입니까?

Point

○ ～は　…です。
　～은　…입니다

○ ～ですか。
　～입니까?

○ ～では　ありません。
　～이　아닙니다.

○ 사물을 가리키는 말

　→ これ・それ・あれ・どれ

○ 명사와 명사를 이어주는 の

これは　ほんです。
이것은　책입니다.

それは　えんぴつです。
그것은　연필입니다.

あれは　かばんです。
저것은　가방입니다.

これは　なんですか。
이것은　무엇입니까?

소 레 와　보 ─ 루 뻰 데 스
それは　ボールペンです。
그것은　　볼펜입니다.

아 레 모　보 ─ 루 뻰 데 스 까
あれも　ボールペンですか。
저것도　　볼펜입니까 ?

이 ─ 에　아 레 와　보 ─ 루 뻰 데 와　아 리 마 셍
いいえ、あれは　ボールペンでは　ありません。
아니요,　　저것은　　볼펜이　　　　　아닙니다.

아 레 와　만 넹 히 쯔 데 스
あれは　まんねんひつです。
저것은　　만년필입니다.

새단어

- これ　이것
- ～は　～은
- ほん　책
- ～です　～입니다
- それ　그것
- えんぴつ　연필
- あれ　저것
- かばん　가방
- なん　무엇, 뭐
- ボールペン　볼펜
- ～も　～도
- ～ですか　～입니까?
- いいえ　아니요
- まんねんひつ　만년필

고 레 와 난 노 혼 데 스 까
これは　なんの　ほんですか。
이것은　무슨　책입니까？

소 레 와 니 홍 고 노 혼 데 스
それは　にほんごの　ほんです。
그것은　일본어　책입니다.

에 ― 고 노 홍 와 도 레 데 스 까
えいごの　ほんは　どれですか。
영어　책은　어느 것입니까？

에 ― 고 노 홍 와 아 레 데 스
えいごの　ほんは　あれです。
영어　책은　저것입니다.

- にほんご　일본어
- えいご　영어
- どれ　어느 것

Grammar

1. 지시대명사 これ・それ・あれ・どれ

사물을 가리키는 지시대명사이다. 'こ・そ・あ・ど'는 가리키는 대상의 위치에 따라 각각 우리말의 '이・그・저・어느'에 해당된다.

これ(이것)	말하는 이에게 가까이 있는 사물을 가리킨다. **これ**は ほんです。 (이것은 책입니다.)
それ(그것)	상대편에게 가까이 있는 사물을 가리킨다. **それ**は えんぴつです。 (그것은 연필입니다.)
あれ(저것)	말하는 이와 상대편으로부터 동시에 멀리 있는 사물을 가리킬 때 사용한다. **あれ**は まどです。 (저것은 창문입니다.)
どれ(어느것)	말하는 이가 대상을 모르거나 대상이 정해져 있지 않을 때에 사용된다. かばんは **どれ**ですか。 (가방은 어느 것입니까?)

그러므로 'これは ～ですか'로 묻는 경우 대답은 'それは ～です'로, 'それ'로 묻는 경우에는 'これは～', 'あれ'로 묻는 경우에는 'あれは～'로 대답해야 한다.

　A : **これ**は なんですか。(이것은 무엇입니까?)

　B : **それ**は かばんです。 (그것은 가방입니다.)

❋ 지시대명사

사물・장소・방향 등을 가리키는 대명사.

これ → 근칭(近稱)

それ → 중칭(中稱)

あれ → 원칭(遠稱)

どれ → 부정칭(不定稱)

❋ まど

「창문」

❋ 지시대명사의 호응

これ → それ

それ → これ

あれ → あれ

どれ → これ・それ・あれ

2. 조사 '**は**'의 발음

우리말의 '~은/~는'에 해당하는 조사이다. 조사로 쓰인 경우에 한하여 '**は**'의 발음은 [ha]가 아닌 **[wa]**로 발음되는 것에 주의해야 한다.

❀ **~は**
「~은, ~는」

3. ～です

단정의 조동사 '～**だ**(～이다)'의 공손한 말로서 우리말의 '~입니다'에 해당된다. 읽을 때 끝의 '**す**'보다 '**で**'를 좀 더 강하게 발음한다.

❀ **～です**
「~입니다」

4. ～か

문장의 끝에 붙여 의문을 나타내는 말로, '～**です**'에 이어져 '~입니까?'의 뜻이 된다. 우리말과 달리 일본어 문장에서는 의문문에서도 '?' 마크를 사용하지 않고 '。'를 사용한다.

❀ **～か**
'～**か**'가 문장의 끝에 붙어 쓰일 경우 의문·반어·감동·권유의 뜻을 갖는다.

5. ～も

우리말의 '~도'에 해당하는 조사이다. 같은 종류의 것이 그밖에도 있음을 의미한다.

❀ **も**
「~도, ~이나」유추·병렬·강조를 나타낸다.

A : これ**も** ボールペンですか。
(이것도 볼펜입니까?)

B : はい、それ**も** ボールペンです。
(네, 그것도 볼펜입니다.)

6. はい／いいえ

긍정의 대답 → はい(예)

부정의 대답 → いいえ(아니요)

7.　～では　ありません

'～です(～입니다)'에 대한 부정표현 '～이 아닙니다'라는 뜻이다. 부정의 표현 'いいえ'와 호응하여 'いいえ、～では　ありません'의 형태로 쓰인다.　회화체에서는 이를 줄여 'じゃ　ありません'이라고도 한다.

> A : これは　ほんですか。
>
> （이것은 책입니까?）
>
> B : いいえ、ほん**では　ありません**。
>
> （아니요, 책이 아닙니다.）
>
> それは　ノートです。
>
> （그것은 노트입니다.）

❀ **～では　ありません**
＝じゃ　ありません(회화체)
「～이 아닙니다」

❀ **ノート**
「노트」

8.　なんの

'なん(무엇)'에 조사 'の(～의)'가 붙으면 원래 '무엇의'가 되나 우리말로 자연스럽게 '무슨'이라고 해석한다. 뒤에 오는 명사의 종류를 묻는 말이다.

> A : **なんの**　ほんですか。（무슨 책입니까?）
>
> B : にほんごの　ほんです。（일본어 책입니다.）

❀ **なんの～**
「무슨～」

9.　명사와 명사를 이어주는 'の'

우리말의 '～의'에 해당하는 말이다. 우리말에서는 흔히 명사와 명사 사이의 '～의'를 생략하고 사용하지만 일본어에서는 고유명사나 결합성이 강한 단어(例 文化日本語学院, 顔色…) 등 특수한 경우를 제외하고는 명사와 명사 사이의 'の'를 생략할 수 없다.

> 일본어 선생님 — にほんご**の**　せんせい
> 영어 책 — えいご**の**　ほん

❀ **の**
조사 'の'는 명사와 명사를 이어주는 역할을 하는데, 이 경우 'の'를 일일이 해석해 줄 필요는 없다.

❀ **顔色(かおいろ)**
「얼굴색, 안색」

せんせい
「선생님」

<ruby>これは　なんですか。<rt>고 레 와　난 데 스 까</rt></ruby>
이것은 무엇입니까?

♣ 방안의 사물들

Dialogue

1 おはよう　ございます。　　안녕하세요.(아침인사)
<오 하 요 ー 고 자 이 마 스>

글자 자체에 '일찍 일어나셨군요' 하는 의미가 포함되어 있으므로, 해가 뜬 시각부터 보통 오전 10시 전후까지 쓸 수 있는 아침인사이다. 아랫사람에게는 'おはよう！'라고만도 한다.

2 こんにちは。　　안녕하세요.(낮인사)
<곤 니 찌 와>

해가 있는 동안 쓸 수 있는 낮인사로, 가장 긴 시간대에 사용할 수 있는 인사말이다. 이때 'は'는 조사 'は'와 마찬가지로 [wa]로 발음한다.

3 こんばんは。　　안녕하세요.(저녁무렵의 인사)
<곰 방 와>

해가 지고 난 후 쓸 수 있는 저녁인사이다. 마찬가지로 'は'를 [wa]로 발음한다.

"/>

1. 다음 보기의 밑줄 친 부분을 바꾸어 활용해 보시오.

| 보기 | あれは　なんですか。
→ あれは　<u>えんぴつ</u>です。 |

1) ノート

2) カーテン

3) でんわ

2. 다음 보기와 같이 문장의 빈 칸을 채워 넣으시오.

| 보기 | これは　いすですか。
→ はい、　<u>それ</u>　は　いすです。 |

1) それは　つくえですか。

　　はい、　　　　　　は　つくえです。

2) あれは　かばんですか。

　　いいえ、　　　　　　は　かばんでは　ありません。

3) これは　ボールペンですか。

　　はい、　　　　　　は　ボールペンです。

3. 다음 빈 칸을 채워 대화를 완성하시오.

1) それは　いすですか。
   はい、

2) あれも　いすですか。（ざぶとん）
   いいえ、

Tip

3.
2) ざぶとん
「방석」

정답

1.　1）あれは　ノートです。
　　　2）あれは　カーテンです。
　　　3）あれは　でんわです。

2.　1）これ　　2）あれ　　3）それ

3.　1）これは　いすです。
　　　2）あれは　いすでは　ありません。ざぶとんです。

わたしは　がくせいです。

나는 학생입니다.

○사람을 칭하는 말

→わたし・あなた・だれ
나・당신・누구

○この・その・あの・どの
이・그・저・어느

○～が　…です。
～가　…입니다

○～も　…です。
～도　…입니다.

わたしは　キムインヒです。
나는　　　　김인희입니다.

わたしは　かんこくじんです。
나는　　　　한국인입니다.

わたしは　がくせいです。
나는　　　　학생입니다.

あなたが　たなかさんですか。
당신이　　　다나카 씨입니까?

はい、わたしが　たなかです。
네,　제가　다나카입니다.

たなかさんは　がくせいですか。
다나카 씨는　학생입니까?

いいえ、わたしは　がくせいでは　ありません。
아니요,　나는　학생이　아닙니다.

わたしは　かいしゃいんです。
나는　회사원입니다.

새단어

- わたし　나
- かんこくじん　한국인
- がくせい　학생
- あなた　당신
- ～さん　～씨, ～님
- ～が　～이
- はい　네(대답이나 승락을 나타내는 소리)
- かいしゃいん　회사원

あの　かたは　どなたですか。
저　　　분은　　　누구십니까?

あの　ひとは　スミスさんです。
저　　　사람은　　　스미스 씨입니다.

スミスさんも　にほんの　かたですか。
스미스 씨도　　　일본　　　분이십니까?

いいえ、スミスさんは　にほんじんでは　ありません。
아니요,　스미스 씨는　　　일본인이　　　아닙니다.

スミスさんは　アメリカじんで、　せんせいです。
스미스 씨는　　　미국인이고,　　　선생님입니다.

なんの　せんせいですか。
무슨　　　선생님입니까?

えいごの　せんせいです。
영어　　　선생님입니다.

새단어

- かた 분
- どなた 어느 분
- あの ひと 저 사람
- にほんじん 일본인
- アメリカじん 미국인
- ～で ～이고
- せんせい 선생님

Grammar

1. 인칭대명사

사람을 가리키는 대명사를 말한다.

1인칭	2인칭	3인칭	부정칭
わたし (나) わたくし (저)	あなた (당신)	この ひと/かた (이 사람/분) その ひと/かた (그 사람/분) あの ひと/かた (저 사람/분)	どの ひと, だれ (누구) どの かた, どなた (어느 분)

1인칭인 '나'를 지칭할 때는 'わたし'가 가장 무난하며, 격식을 차리거나 보다 정중하게 표현하고자 할 때에는 'わたくし'라고도 한다. 2인칭인 'あなた'는 손윗사람에게는 사용할 수 없으며, 상대방이 동등하거나 손아랫사람이라 하더라도 'あなた'라는 표현이 반복되면 실례가 될 수 있다. 일반적으로 'あなた'는 생략되어 사용되며, 굳이 필요한 경우에는 상대의 성이나 직함에 'さん'을 붙여 '~씨'라고 표현하는 것이 좋다.

2. がくせい

보통 'がくせい'는 대학생이나 대학원생을 가리키고, 초·중고생은 'せいと'라는 표현을 쓴다. 그러나 가끔은 고등학생에게도 'がくせい'라는 표현을 쓰는 경우가 있다. 이때 주의할 점은 'く'의 발음인데, 'く' 다음에 'さ행' 글자가 오면 'ku'의 모음 'u'가 일시 탈락하는 현상이 생기므로 '가꾸세-'가 아니라 '각세-'로 발음해야 한다는 것이다. 'たくさん'이 '닥상'으로 발음되는 것도 같은 이치이다.

인칭대명사
사람을 가리키는 대명사. 이밖에도 남성이 주로 사용하긴 하나, 'ぼく(나), きみ(자네)' 등의 표현도 있다.

あなた
현대 일본어에서 'あなた'는 사용이 다소 제한되는 면이 있기 때문에 상대방을 부를 때 이름을 부르는 편이 가장 무난하다.

Grammar

3. ～が

우리말의 '～이/～가'의 뜻을 갖는 조사이다.

　　わたし**が**　やまだです。

　　(제가 야마다입니다.)

4. ～さん

'～씨/～님'의 뜻으로 사람의 성이나 이름 뒤에 붙여서 경의 혹은 친근감을 나타낸다. 'さん'은 이름 외에 직업·직책 등의 뒤에도 붙여 사용할 수 있다. 그리고 상대방에 대한 경의의 표현이므로 자신의 이름 뒤에는 붙이지 않는다.

　　おはなや**さん** ― 꽃가게 주인
　　おきゃく**さん** ― 손님

5. この／その／あの／どの (이/그/저/어느)

연체사라고 하며 뒤에 반드시 수식을 할 체언을 동반한다.

　　この　ひと ― 이 사람
　　あの　つくえ ― 저 책상

6. ～かた／どなた

'かた·どなた'는 각각 'ひと·だれ'의 존경어이다.

　　その　**ひと**は　**だれ**ですか。

　　(그 사람은 누구입니까?)

　　あの　**かた**は　**どなた**ですか。

　　(저분은 누구십니까?)

'어느 나라 사람입니까?'라고 국적을 물을 때에는 '(나라명)의 かたですか'라고 묻고, 대답은 '(나라명)じんです'라고 하는 것이 일반적이다.

❀ ～が
「～이, ～가」

❀ ～さん
「～씨, ～님」
접미어 'さん'은 자신을 비롯한 자기 가족에게는 사용하지 않으며, 자기가 소속되어 있는 직장상사를 남에게 말할 때에도 마찬가지이다.

❀ 연체사(連体詞)
연체사는 언제나 체언만을 수식하는 말로서, 활용은 하지 않으며 자립어로 쓰인다. 우리나라의 관형사와 비슷하다.

❀ 어느 나라 사람입니까?
A : (나라명)の　かたですか。
B : (나라명)じんです。

A : あなたは　ちゅうごく**の　かたですか**。
(당신은 중국분이십니까?)

B : はい、わたしは　ちゅうごく**じんです**。
(네, 나는 중국인입니다.)

ちゅうごく
「중국」

ちゅうごくじん
「중국인」

7. ～で

'～です。　～です。'의 두 문장을 합쳐 한 문장으로 만들 때 사용한다. 우리말의 '～이고'에 해당한다.

これは　ほん**です**。それは　つくえ**です**。
(이것은 책입니다. 그것은 책상입니다.)

＝これは　ほん**で**、それは　つくえ**です**。
(이것은 책이고, 그것은 책상입니다.)

～で、～です
「～이고, ～입니다」
여기서 쓰인 'で'는 단정의 조동사 'だ(～이다)'의 ます 형이다.

8. せんせい

일본어의 'せんせい'는 우리말에서의 쓰임과 달리 직접 누군가를 가르치는 교사 또는 의사 등을 지칭할 때 사용된다. 'せんせい'라는 단어 안에는 존경의 의미가 포함되어 있으므로 별도로 'さん'을 붙여 쓰지는 않는다.

A : この　かたは　えいごの　**せんせい**ですか。
(이분은 영어 선생님입니까?)

B : その　かたは　えいごの　**せんせい**です。
(그분은 영어 선생님입니다.)

せんせいの 발음
え단[え・け・せ・て・ね・へ…] 다음에 'え・い'가 오는 경우, 'え・い'를 따로 발음하지 않고 그 앞 글자를 두 배 길이로 늘여서 발음한다. 여기서의 'せんせい'도 '센세이'로 발음하지 않고 '센세—'로 발음한다.

<ruby>キム</ruby>さんは　かいしゃいんですか。

김씨는 회사원입니까?

♣ 여러가지 직업

いしゃ 의사

かんごふ 간호사

デザイナー 디자이너

ぎんこういん 은행원

こうむいん 공무원

アルバイター 아르바이터

ジャーナリスト 저널리스트

かしゅ 가수

エンジニア 엔지니어

ガイド 가이드

はいゆう 배우

せんぎょうしゅふ (전업)주부

げいのうじん 연예인 / OL 여자 직장인(office lady 의 줄임. '오에루'라고 읽음)

1. 다음 주어진 단어를 보기와 같이 활용해 보시오.

보기	A : あなたは　がくせい　ですか。 B : はい、わたしは　がくせい　です。

1) ぎんこういん

   A :

   B :

2) いしゃ

   A :

   B :

3) こうむいん

   A :

   B :

2. 다음 빈 칸에 알맞은 표현을 써 넣으시오.

1) あなたは　にほんの　かたですか。

   はい、　　　　　　は　にほんじんです。

2) ブラウンさんは　　　　　　　せんせいですか。

   ブラウンさんは　えいごの　せんせいです。

Tip

1.

1) ぎんこういん
「은행원」

2) いしゃ
「의사」

3) こうむいん
「공무원」

Tip

2.

1) にほんじん
「일본인」

2) せんせい
「선생님」

Exercise

3) あの　ひとも　かいしゃいんですか。

いいえ、　　　　　　　　かいしゃいんでは　ありません。

3. 다음 문장을 일본어로 옮기시오.

1) 당신은 디자이너입니까?

2) 아니요, 나는 간호사가 아닙니다.

3) 이분은 일본어 선생님입니다.

정답

1. 　1）A：あなたは　ぎんこういんですか。　　B：はい、わたしは　ぎんこういんです。

　　2）A：あなたは　いしゃですか。　　B：はい、わたしは　いしゃです。

　　3）A：あなたは　こうむいんですか。　　B：はい、わたしは　こうむいんです。

2. 　1）わたし　　2）なんの　　3）あの　ひとは

3. 　1）あなたは　デザイナーですか。

　　2）いいえ、わたしは　かんごふでは　ありません。

　　3）この　かたは　にほんごの　せんせいです。

刺身(さしみ) : 회

　일본하면 떠오르는 음식이 무엇이냐고 한번 꼽아보라면 열 명 중에 아홉 명은 아마도 회(刺身)를 꼽을 것이다. 한자 그대로 생선의 살 부분을 얇게 저며 날로 먹는 것으로서, 우리나라에도 광어·우럭·참치 등 다양한 종류가 있고 즐기는 이 또한 많은 것이 사실이다.　그런데 여기서 이야기하고자 하는 것은 이 회보다 그에 곁들여 나오는 ツマ에 관한 것이다. ツマ란 생선회 등에 보기좋게 배합하여 곁들이는 소량의 야채나 채소를 가리킨다.　보통 일식집에서 나오는 모양은 무를 채썰어 깔고 회를 얹은 다음 그 옆에 당근을 꽃 모양으로 예쁘게 잘라 장식하거나 파슬리·무·해초 등을 곁들이는데, 바로 그러한 것들을 ツマ라 한다. 그런데 중요한 것은 이 ツマ란 것이 대부분의 우리나라 사람들이 인식하고 있듯 단순히 장식을 위한 것이거나 얼마 안되는 생선회의 양을 많아 보이게 하려는 상술에 의한 것만은 아니라는 점이다. 생선의 주성분인 양질의 단백질 속에 포함된 인이나 유황 같은 성분은 체내에 들어가면 산성화하는데 이때 알칼리성 식품인 야채나 채소, 즉 이 ツマ를 함께 먹음으로써 중화시키는 효과를 볼 수 있다는 것이다. 오랜 경험을 통한 선인(先人)들의 지혜인 셈인데, 이러한 사실을 알고 있는 사람은 그다지 많지 않은 것 같다.

　그러니 혹 회 쟁반에 깔린 무채가 탐탁치 않으신 분은 함께 나온 상추·깻잎 등 야채를 함께 섭취하여 영양의 밸런스를 맞추는 것이 좋을 듯 싶다.

これは わたしの コンピューターです。

이것은 나의 컴퓨터입니다.

○ の의 용법
~의, ~의 것

○ そうです。／そうでは ありません。
그렇습니다.　그렇지 않습니다.

これは わたしの コンピューターです。
이것은 　나의 　　　컴퓨터입니다.

それは あにの ラジオです。
그것은 　형의 　　라디오입니다.

あれは なんですか。
저것은 　무엇입니까 ?

あれは ワープロです。
저것은 　워드입니다.

あの ワープロも あなたのですか。
저 　워드도 　　　당신 것입니까 ?

이ー에　소ー데와　아리마셍
いいえ、そうでは　ありません。
아니요,　　그렇지　　　　않습니다.

아레와　토모다찌노데스
あれは　ともだちのです。
저것은　　친구 것입니다.

소노　　잣시와　다레노데스까
その　ざっしは　だれのですか。
그　　　잡지는　　　　　누구 것입니까?

에ー고노　　잣시와　와따시노데
えいごの　ざっしは　わたしので、
영어　　　　　잡지는　　　나의 것이고,

니홍고노　　잣시와　나카무라산노데스
にほんごの　ざっしは　なかむらさんのです。
일본어　　　　　　잡지는　　　　나카무라 씨의 것입니다.

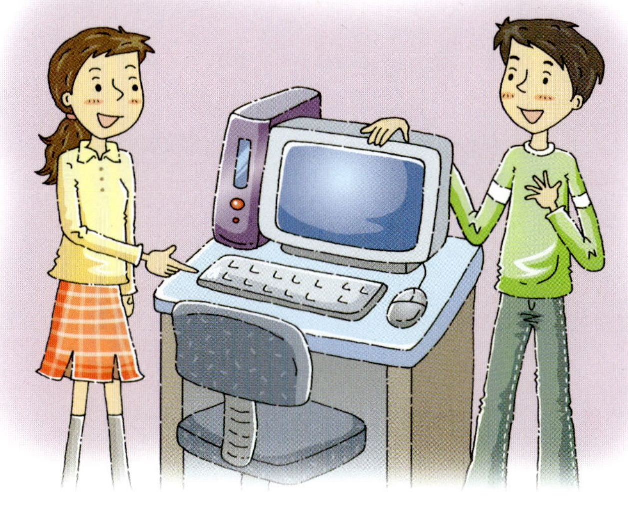

- ～の　～의
- コンピューター　컴퓨터
- あに　형
- ラジオ　라디오
- ワープロ　워드 프로세서
- ともだち　친구
- ざっし　잡지
- だれ　누구

あの　ノートも　なかむらさんのですか。
저　　　노트도　　　나카무라 씨의　　　것입니까?

はい、そうです。　なかむらさんの　ノートです。
네,　　그렇습니다.　　나카무라 씨의　　　노트입니다.

それでは　あなたの　ノートは　どれですか。
그러면　　　당신의　　　노트는　　　어느 것입니까?

これです。
이것입니다.

• ノート　노트　　　　　　• それでは　그러면, 그럼

40

Grammar

1. 소유관계를 나타내는 の

단순히 명사와 명사를 연결해 주는 'の'의 용법 외에 앞과 뒤에 오는 명사의 소유관계를 나타내는 'の'의 용법이 있다. '~의'라고 해석한다.

> わたし**の**　ほん — 나의 책
> なかむらさん**の**　つくえ — 나카무라 씨의 책상

~の
「~의」단순히 앞과 뒤에 오는 명사의 소유관계를 나타낸다.

2. 외래어의 표기

현대 일본어는 외래어 및 영어의 일본식 표기가 많이 사용되는 만큼 가타카나 표기에 대한 관심이 요구된다. 그러나 일본어 음운조직상 외래어를 원음 그대로 발음하기가 사실상 곤란하여 자기들의 음운조직에 맞추어 읽고 쓰는 실정이므로 원음을 알고 있더라도 외래어의 가타카나 표기를 따로 익히지 않으면 안 된다. 예를 들면, 'COMPUTER'는 'コンピューター'라고 읽는데, 이보다는 'PERSONAL COMPUTER'를 줄여 표기하여 'パソコン'이라고 하는 경우가 많다. 'ワープロ'는 'WORD PROCESSOR'를 줄여 표기한 것이다.

3. 준체조사 の

조사 'の'는 ①명사와 명사 사이, ②앞뒤 명사의 소유관계를 나타내는 것뿐만이 아니라, ③소유대명사격으로 '누구의 것'이라는 의미로도 쓰인다.

> これは　わたし**の**　かばんです。(이것은 나의 가방입니다.)
>
> ＝この　かばんは　わたし**の**です。
> 　(이 가방은 나의 것입니다.)

준체조사 の
「~의 것」준체조사는 체언의 자격을 갖는 조사이다.

4. そうです／そうでは ありません

'そうです'는 '그렇습니다'라는 뜻으로 상대방의 말을 시인할 때 사용하며 이에 대한 부정은 'そうでは ありません。(그렇지 않습니다)'라고 한다.

> A : これは あなたの じしょですか。
>
>   (이것은 당신의 사전입니까?)
>
> B : はい、**そうです。**
>
>   (네, 그렇습니다.)
>
> C : いいえ、**そうでは ありません。**
>
>   (아니요, 그렇지 않습니다.)

❀ そうです。
「그렇습니다」
↔ そうでは ありません。
「그렇지 않습니다」

5. それでは

줄여서 'では'라고도 하는데 '그러면'이라는 뜻을 나타낸다. 회화체에서는 'それじゃ' 또는 'じゃ'라고도 한다.

> **それじゃ**、また あした。
> (그럼 또 내일.)

❀ それでは／では
「그럼, 그러면」접속사로 쓰인 경우 조건(순접)과 전환의 용법으로 쓰인다.

コンビニ？ クーラー？

편의점? 에어컨?

♣ 자주 쓰이는 カタカナ語

コンビニ 편의점
(convenience store의 일본식 표기)

クーラー 에어컨

ラジオ 라디오

ラジカセ 라디오 카세트
(ラジオ＋カセット의 합성어)

テレビ TV, 텔레비전

アパート 아파트

コーヒー 커피

ビール 맥주

デパート 백화점

Dialogue

1 さようなら。　　안녕히 계세요.

　　헤어질 때 하는 인사말로, 주로 아이들이 사용하고 어른들은 대신 'おげんきで。／じゃ、また。／また あした。' 등 그 상황에 맞는 여러 가지 표현으로 대신한다. 젊은이들은 'バイバイ。／じゃね。' 등의 표현을 즐겨 쓰기도 한다.

2 おやすみなさい。　　편히 쉬십시오.

　　밤늦게 헤어질 때나 남의 집 방문을 마치고 돌아갈 때, 잠자리에 들 때 하는 인사말이다. 아랫사람에게는 'おやすみ。'라고도 한다.

Review

연습문제

1. 다음을 보기와 같이 바꾸시오.

보기	この　ほん　は　だれのですか。 →　わたしのです。

わたし

1)　その　　　　　　　は　だれのですか。

たなか

2)　この　　　　　　　は　だれのですか。

朴

3)　あの　　　　　　　は　だれのですか。

せんせい

2. 다음 그림을 보고 보기와 같이 연습하시오.

보기	あなたの　カメラ　は　どれですか。 →　これです。

1)

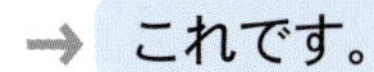

2)

3)

Tip

1.

1) 시계
　「とけい」

2) 인형
　「にんぎょう」

3) 자전거
　「じてんしゃ」

Tip

2.

1) 자동차
　「じどうしゃ」

2) 가위
　「はさみ」

3) 노트
　「ノート」

45

Exercise

3. 다음 보기와 같이 활용해 보시오.

<table>
<tr><td>보기</td><td>これは　わたしの　えんぴつです。
→ この　えんぴつは　わたしのです。</td></tr>
</table>

1) それは　なかむらさんの　テレビです。

2) あれは　李さんの　ボールペンです。

3) これは　せんせいの　くつです。

Tip

3.
1) テレビ
　「텔레비전」
2) ボールペン
　「볼펜」
3) くつ
　「구두」

정답

1. 1）とけい／たなかさんのです。
2）にんぎょう／朴さんのです。
3）じてんしゃ／せんせいのです。

2. 1）あなたの　じどうしゃは　どれですか。／これです。
2）あなたの　はさみは　どれですか。／これです。
3）あなたの　ノートは　どれですか。／これです。

3. 1）その　テレビは　なかむらさんのです。
2）あの　ボールペンは　李さんのです。
3）この　くつは　せんせいのです。

すし : 초밥

　일본의 대중적인 음식 중 **すし**만큼 사랑을 받는 것이 또 있을까? 그만큼 **すし**는 일본인에게 친숙하고 인기있는 먹거리인데, 그 종류와 맛도 다양하다. 그중에서도 대표적인 것은 뭐니뭐니해도 **にぎりずし**(생선초밥)이다. 이것은 식초와 설탕으로 맛을 낸 한 입 크기의 주먹밥 위에 갖가지 어패류(참치·다래미·조개·오징어·연어알 등)를 얹은 것으로, 위에 얹은 재료와 밥 사이에 들어가는 **わさび**의 톡 쏘는 매운맛도 **す し**의 맛을 돋보이게 하는 특색 중 하나이다. 더욱이 **わさび**는 맛의 조화뿐만 아니라, 습도가 높은 일본 기후와 날음식을 즐기는 식문화와의 조화를 위해 식중독을 예방하고 소화를 돕는 기능을 담당하기도 한다. 요즈음은 젓가락을 사용하여 먹는 사람이 늘고 있긴 하지만, 본래는 손으로 살짝 집어 간장을 찍어 먹는다.

　すし의 어원은 **酸し**로 원래는 생선살을 밥과 소금으로 삭혀서 만든 자연발효 보존식품이었다. 일종의 생선젓갈이었던 셈인데, 그 절차도 복잡하고 시간도 오래 걸리는 음식이었던 것이 차차 그 과정이 약소화되어, **江戸**시대부터는 밥에 식초로 간을 하고 그 위에 날 생선 조각을 올려놓은 오늘날의 초밥과 같은 형태가 된 것이다. **すし**는 생선을 올린 것 이외에도 갖가지 재료를 넣고 김으로 말아서 만든 김초밥(**のりまき**), 식초로 간을 한 밥을 설탕과 간장으로 달고 짭짤하게 조린 유부(**あぶらあげ**)에 넣어 만든 유부초밥(**いなりずし**), 또 초밥 위에 생선·계란지단·어묵·호박고지 등의 재료를 보기좋게 얹은 **ちらしずし** 등 다양한 종류가 있다.

part.04　ここに　つくえが　あります。

여기에 책상이 있습니다.

○ 장소를 가리키는 말

→ここ・そこ・あそこ・どこ
여기 · 거기 · 저기 · 어디

○ ～に　ある
～에　있다

○ 존재의 유무　あります／ありません
있습니다　없습니다

○ ～や　～や　…など
～랑　～랑　…등

ここは　私の　部屋です。
여기는　　　나의　　　방입니다.

ここに　つくえが　あります。
여기에　　　책상이　　　있습니다.

そこに　ベッドが　あります。
거기에　　　침대가　　　있습니다.

あそこに　本棚が　あります。
저기에　　　책장이　　　있습니다.

つくえの　前に　いすが　あります。
책상　　　앞에　의자가　있습니다.

つくえの　上には　何が　ありますか。
책상　　　위에는　무엇이　있습니까?

パソコンと　本と　ノートが　あります。
컴퓨터와　　책과　노트가　　있습니다.

つくえの　下にも　何か　ありますか。
책상의　　아래에도　무언가　있습니까?

- ここ　여기
- 私(わたし)　나
- 部屋(へや)　방
- つくえ　책상
- そこ　거기

- ベッド　침대
- あそこ　저기
- 本棚(ほんだな)　책장
- 前(まえ)　전, 앞
- いす　의자

- 上(うえ)　위
- 何(なに)　무엇
- 本(ほん)　책
- パソコン　(퍼스널)컴퓨터
- 下(した)　아래, 밑

いいえ、 つくえの 下には 何も ありません。
아니요, 책상 아래에는 아무것도 없습니다.

かばんは どこに ありますか。
가방은 어디에 있습니까?

あそこの 本棚の 横に あります。
저기 책장 옆에 있습니다.

かばんの 中には 何が ありますか。
가방 안에는 무엇이 있습니까?

ノートや 辞書や ふでいれなどが あります。
노트랑 사전이랑 필통 등이 있습니다.

새단어

- どこ 어디, 어느 곳
- 横(よこ) 옆
- 中(なか) 중간, 안, 속
- 辞書(じしょ) 사전
- ふでいれ 필통
- ～や ～랑, ～와
- など ～등, ～따위(＊Aや B や Cなど : A랑 B랑 C 등등)

문법포인트

1. 장소를 나타내는 지시대명사

'ここ・そこ・あそこ・どこ'는 장소를 나타내는 지시대명사로 'こ・そ・あ・ど' 지시어 체계에 속한다.

이곳(여기)	그곳(거기)	저곳(저기)	어느 곳(어디)
ここ	そこ	あそこ	どこ

지시대명사를 정리해 보자.

사물	연체사		장소	방향
これ(이것)	この(이)	こんな(이런)	ここ(여기)	こちら(이쪽)
それ(그것)	その(그)	そんな(그런)	そこ(거기)	そちら(그쪽)
あれ(저것)	あの(저)	あんな(저런)	あそこ(저기)	あちら(저쪽)
どれ(어느 것)	どの(어느)	どんな(어떤)	どこ(어디)	どちら(어느 쪽)

지시대명사
지시대명사와 연체사 'この・その・あの・どの'를 혼동할 수 있는데, 전자는 주어로 쓰일 수 있는 반면에 후자는 절대 주어로 쓰일 수 없다는 점을 알아두자.

2. 장소를 나타내는 조사 に

장소를 나타내는 조사로 우리말의 '~에'에 해당된다. 우리말에서는 장소를 나타낼 때 '~에'를 종종 생략하는 경우가 있으나 일본어의 경우에는 생략할 수 없다.

여기 있습니다. — ここに あります。

3. 존재를 나타내는 あります

'あります'는 존재를 나타내는 동사 'ある(있다)'의 정중한 표현으로 'ます'와 결합하여 '있습니다'의 뜻을 나타낸다. 'ある・あります'는 무생물과 식물 등 스스로 움직일 수 없는 것의 존재를 나타낼 때 쓰인다.

~に ある
「~에 있다」무생물이나 식물의 존재를 나타낼 때 쓰는 표현이다.

Grammar

ここに　かばんが　**あります**。（여기에 가방이 있습니다.）

あそこに　花<ruby>はな</ruby>が　**あります**。（저기에 꽃이 있습니다.）

4. 何の　읽기

'何'는 'なん／なに' 두 가지의 읽기가 있다.

1) '何' 뒤에 'だ・で・と・の' 등의 음이 오면 모음 'i'가 탈락하여 'なん'으로 읽는다.

　　なんですか。（무엇입니까?）

　　なんだ　（뭐야）

　　なんと　（뭐라고）

　　なんの　（무슨）

2) '何' 뒤에 'か・が・も・を' 등의 음이 오면 일반적으로 'なに'로 읽는다.

　　なにが　ありますか。（무엇이 있습니까?）

　　なにか　ありますか。（무엇인가 있습니까?）

　　なにも　ありません。（아무것도 없습니다.）

　　なにを　して　いますか。（무엇을 하고 있습니까?）

5. ありません

'あります'의 부정형으로 '〜ません'은 동사에 붙어 공손한 부정을 나타낸다. 이때 앞서 배운 '〜では ありません(~이지 않습니다)'와 혼동하지 않도록 주의한다.

　　ここには　本<ruby>ほん</ruby>が　**ありません**。

　　（여기에는 책이 없습니다.）

　　비교 これは　本<ruby>ほん</ruby>では　**ありません**。

　　　　（이것은 책이 아닙니다.）

6. 불확실함을 나타내는 か

명사 등에 붙어 의문스럽다든지 불확실함을 나타내는 조사이다. 'はい／いいえ'로 대답할 수 있다.

> A : 箱の 中に 何か ありますか。
>
> (상자 속에 무언가 있습니까?)
>
> B : はい、あります。
>
> (네, 있습니다.)
>
> C : いいえ、ありません。
>
> (아니요, 없습니다.)

箱(はこ)
「상자」

이때 문말에 쓰이는 의문을 나타내는 종조사 'か'와는 구별하여야 한다.

> あなたは 学生ですか。← 종조사
>
> (당신은 학생입니까?)

종조사
주로 문장 끝에 붙어 의문·반어·금지·영탄(詠嘆)·감동 등을 나타내는 조사이다.

学生(がくせい)
「학생」

7. 병렬을 나타내는 조사 と／や

'と'는 여러 가지 사물을 나열할 때, 우리말의 '～와/과'에 해당한다. 즉, 나열된 사물만이 존재한다는 뜻이 된다.

> えんぴつと 万年筆と けしゴムが あります。
>
> (연필과 만년필과 지우개가 있습니다.)

～と/～や
「～와/과」

けしゴム
「지우개」

'～や ～や ～など'는 마찬가지로 사물을 나열할 때 사용하나, 그밖에 다른 물건도 있는데 대표적인 예를 몇 가지만 들어 설명한다는 차이가 있다.

> つくえの 上に 本や ノートや 雑誌などが あります。
>
> (책상 위에 책이랑 노트랑 잡지 등이 있습니다.)

雑誌(ざっし)
「잡지」

위는 うえ!

우 에

♣ **위치를 나타내는 말들**

Review 연습문제

1. 다음 그림을 보고 문장을 보기와 같이 완성하시오.

| 보기 | いすの 上^{うえ}に かばん が あります。 |

1) つくえの ⬚⬚⬚ に ⬚⬚⬚ が あります。

2) 電話^{でんわ}の ⬚⬚⬚ に ⬚⬚⬚ が あります。

3) 本棚^{ほんだな}の ⬚⬚⬚ に ⬚⬚⬚ が あります。

2. 다음 (   ) 안에 적당한 조사를 써 넣으시오.

1) テーブル(   ) 上^{うえ}(   ) かびんが あります。

2) A : 箱^{はこ}(   ) 中^{なか}に 何^{なに}(   ) ありますか。

   B : はい、あります。

Exercise

3) A：めがね(　　)　どこ(　　)　ありますか。

B：テレビの　上(　　)　あります。

3. 다음 주어진 단어로 문장을 만드시오.

1) 이 방안에 무엇이 있습니까? (部屋、中)

2) 전화는 어디에 있습니까? (電話、どこ)

3) 텔레비전 옆에 있습니다. (テレビ、隣)

3) めがね
「안경」

3.

1) 무엇
「何(なに)」

2) 어디
「どこ」

3) 옆
「隣(となり)」

1.　　1) した、ごみばこ

2) まえ、コイン

3) なか、アルバム

2.　　1) の、に　　　2) の、か　　3) は、に、に

3.　　1) この　部屋の　中に　何が　ありますか。

2) 電話は　どこに　ありますか。

3) テレビの　隣に　あります。

일본음식 이름

돈 부 리
どんぶり 덮밥

스 끼 야 끼
すき焼(や)き 전골

샤 부 샤 부
しゃぶしゃぶ 샤부샤부

뎀 뿌 라
てんぷら 튀김

라 - 멘
ラーメン 라면

우 동
うどん 우동

고 항
ご飯(はん) 밥

쯔께모노
漬物(つけもの) 야채절임

나베모노
鍋物(なべもの) 냄비요리

오 뎅
おでん 어묵

교 - 자
餃子(ぎょうざ) 만두

로 바 타 야 끼
ろばた焼(や)き 화로구이

오 싱 꼬
お新香(しんこ) 야채를 소금에 절인 반찬

오 꼬 노 미 야 끼
お好(この)み焼(や)き 우리의 빈대떡과 닮은 것

미 소 시루
味噌汁(みそしる) 된장국

낫 또 -
納豆(なっとう) 낫토

소 바
そば 소바(메밀국수)

당 고
だんご 경단

와 가 시
和菓子(わがし) 일본 전통과자

다 꼬 야 끼
たこやき 문어빵(문어조각을 넣은 풀빵)

우메 보 시
梅干(うめぼ)し 매실장아찌

데이쇼꾸
定食(ていしょく) 정식

돈 카 쯔
豚(とん)カツ 돈까스

오 니 기 리
おにぎり 주먹밥

사 시 미
刺身(さしみ) 회

私の 隣に 田中さんが います。

내 옆에 다나카 씨가 있습니다.

Point

○ 존재의 유무 います／いません (이마스 / 이마셍)

　　있습니다／없습니다

○ 위치를 나타내는 말
　→隣(となり)・横(よこ)・前(まえ) (도나리 / 요꼬 / 마에)

○ 강조를 나타내는 접두어 真(まん・まっ・ま) (만 / 맛 / 마)

A

これは　私の　友達の　写真です。
（고레와　와따시노　도모다찌노　샤신데스）
이것은　　내　　친구들의　　사진입니다.

私の　隣に　田中さんと　エミさんが　います。
（와따시노　도나리니　다나카 산 또　에미 상 가　이마스）
내　　옆에　다나카 씨와　　에미 씨가　　　　있습니다.

左は　田中さんで、右は　エミさんです。
（히다리와　다나카 산 데　미기와　에미 산 데스）
왼쪽은　다나카 씨이고,　오른쪽은　에미 씨입니다.

さとうさんの　前には　いぬが　います。
（사토ー 산 노　마에니 와　이누 가　이마스）
사토우 씨의　　앞에는　　개가　　있습니다.

B

崔さんは　どこに　いますか。
（최 상 와　도꼬니　이마스 까）
최씨는　　　어디에　　있습니까？

A 崔さんは　この　写真には　いません。
최씨는　　　이　　사진에는　　없습니다.

B 田中さんの　前の　女の　人は　だれですか。
다나카 씨　　앞의　여자　분은　누구입니까?

A 小野さんです。
오노 씨입니다.

ですから　さとうさんの　隣ですね。
그러니까　사토우 씨　　옆이지요.

새단어

- **友達**(ともだち)　친구
- **写真**(しゃしん)　사진
- **います**　있습니다
- **いぬ**　개
- **女**(おんな)　여자
- **人**(ひと)　사람
- **ですから**　그러니까, 그래서
- **〜ね**　〜군요, 〜구나

B
そうですね。
그렇군요.

A
朴さんの　横には　ねこが　います。
박씨　　옆에는　　고양이가　　있습니다.

B
それでは　あなたの　前が　中村さんですか。
그러면　　당신　　앞이　　나카무라 씨입니까?

A
はい、そうです。真中の　男の　人です。
네,　그렇습니다.　한가운데의 남자　분입니다.

새단어

- 横（よこ）옆
- ねこ　고양이
- それでは　그러면, 그럼
- 真中（まんなか）한가운데
- 男（おとこ）남자

Grammar

1. います

동사 'いる(있다)'의 정중한 표현으로 사람·동물 등 스스로 움직일 수 있는 생물의 존재를 나타낼 때 쓰인다. 부정형은 'いません'이다.

> A : 木の 上に 鳥が **いますか**。
>
> (나무 위에 새가 있습니까?)
>
> B : はい、**います**。 (네, 있습니다.)
>
> C : いいえ、**いません**。 (아니요, 없습니다.)

단, 생물이라 하더라도 단순히 소유의 유·무를 나타낼 때에는 'ある／あります'를 쓸 수 있다.

> 私には 兄が **あります**。 (나에게는 형이 있습니다.)

의문문을 만들 경우 사람은 'だれ', 동물은 '何'를 사용한다.

> A : 部屋の 中に **だれ**が いますか。
>
> (방 안에 누가 있습니까?)
>
> B : 中村さんが います。 (나카무라 씨가 있습니다.)
>
> A : いすの 上に **何**が いますか。
>
> (의자 위에 뭐가 있습니까?)
>
> B : ねこが います。 (고양이가 있습니다.)

2. 女／男

여자, 남자의 표현은 보통 '女の人, 男の人'라고 하여 '人'을 붙여 사용한다. 그저 'おんな'나 'おとこ'라고 하면 우리말의 '계집', '사내'와 같은 어감이 되므로 오해를 살 수도 있다.

● 木(き)
「나무」

鳥(とり)
「새」

● ある／いる
주어가 사람·동물이더라도 그것이
① 소유를 나타내거나
② 옛날에 존재했던 인물
③ 상품 따위로 취급되는 경우
'ある'를 사용할 수 있다.

Grammar

🌸 **子**(こ)
「아이」

🌸 **～ですから**
「～이니까, ～해서」

🌸 **종지형**
문장을 끝맺을 때의 형태로, 기본형과 같다.

🌸 **～ね**
'～ね'는 종조사로 가벼운 감탄·주장·다짐·동의를 구하는 기분을 나타낸다.

🌸 **横와 隣**
○横→ 다른 종류·주종 (主従)
○隣→ 같은 종류·동등 (同等)

🌸 **접두어가 붙는 그밖의 단어**
○真っ赤(まっか)—새빨강
○真夜中(まよなか)—한밤중

黒(くろ)
「검정」

夏(なつ)
「여름」

女の 先生 — 여선생님

男の 子 — 남자 아이

3. ですから

활용어(동사, い형용사, な형용사 등)의 '종지형+から'의 형태로 원인·이유를 나타낸다. 우리말의 '～이니까/～해서'로 해석된다. 여기서는 '그러니까'에 해당한다.

4. そうですね

여기서는 '그렇군요'라는 뜻이다. 상대방의 말에 동의하거나 수긍한다는 뜻을 전달할 때 사용한다.

5. 横

'옆, 주변'이라는 뜻이다. '隣'와 쓰임이 비슷하지만, '隣'가 비슷한 종류의 물건이 죽 나열되어 있을 때 한 가지를 가리키는 '이웃'의 개념인데 비해 '横'는 기준을 중심으로 그 앞·뒤·옆, 즉 '주변'의 개념으로 쓰인다.

隣の おばさん (이웃집 아주머니)

電話ボックスの 横に 李さんが います。

(전화박스 옆에 이씨가 있습니다.)

6. 접두어 真

단어 앞에 붙어 그 의미를 더욱 강조할 때 쓰인다. (접두어) 뒤에 오는 말들의 발음에 따라 'ま·まっ·まん'으로 발음된다.

中 → 真中(まんなか) — 한가운데

黒 → 真黒(まっくろ) — 새까망

夏 → 真夏(まなつ) — 한여름

한자읽기

우리말에서와 달리 일본어에서는 한자를 그들 문자의 일부로서 받아들였기 때문에 고유 문자인 '가나' 외에 한자도 함께 쓰고 있으며, 복잡한 획수는 생략한 약자체를 정자(正字)로 사용하고 있다. (컴퓨터로 문서를 작성할 때 일본식 한자가 필요한 경우에는 '신명조 약자' 체에서 지원받을 수 있다.)

한국	일본
國	国
學校	学校
圖	図　등등

한자를 읽는 방법에는 음과 뜻 부분으로 나뉘는 한자의 특성에 따라 크게 나누어 한자의 음을 따서 읽는 음독과 뜻을 새겨서 읽는 훈독의 방법이 있는데, 경우에 따라서는 음독과 훈독이 섞이는 경우도 있으므로 주의해야 한다. 단어의 쓰임에 따라 읽는 음이 다르므로 단어를 처음 대할 때부터 잘 구분하여 기억해 두어야 한다.

国
韓**国**(かんこく) : 한국
国内(こくない) : 국내
お**国**(おくに) : 나라, 조국

学
学校(がっこう) : 학교
学生(がくせい) : 학생
学ぶ(まなぶ) : 배우다

人
日本**人**(にほんじん) : 일본인
人(ひと) : 사람, 타인

나 니
얼굴은 일본어로 なに?

♣ 신체 각 부위의 명칭

아타마
頭(あたま) 머리

카미　　노 케
髪(かみ)の毛(け) 머리카락

메
目(め) 눈

미미
耳(みみ) 귀

하나
鼻(はな) 코

카오
顔(かお) 얼굴

구찌
口(くち) 입

쿠비
首(くび) 목

구찌비루
唇(くちびる) 입술

카따
肩(かた) 어깨

무네
胸(むね) 가슴

우데
腕(うで) 팔

유비
指(ゆび) 손가락

테
手(て) 손

쯔메
爪(つめ) 손·발톱

코시
腰(こし) 허리

아시
足(あし) 발·다리

아시쿠비
足首(あしくび) 발목

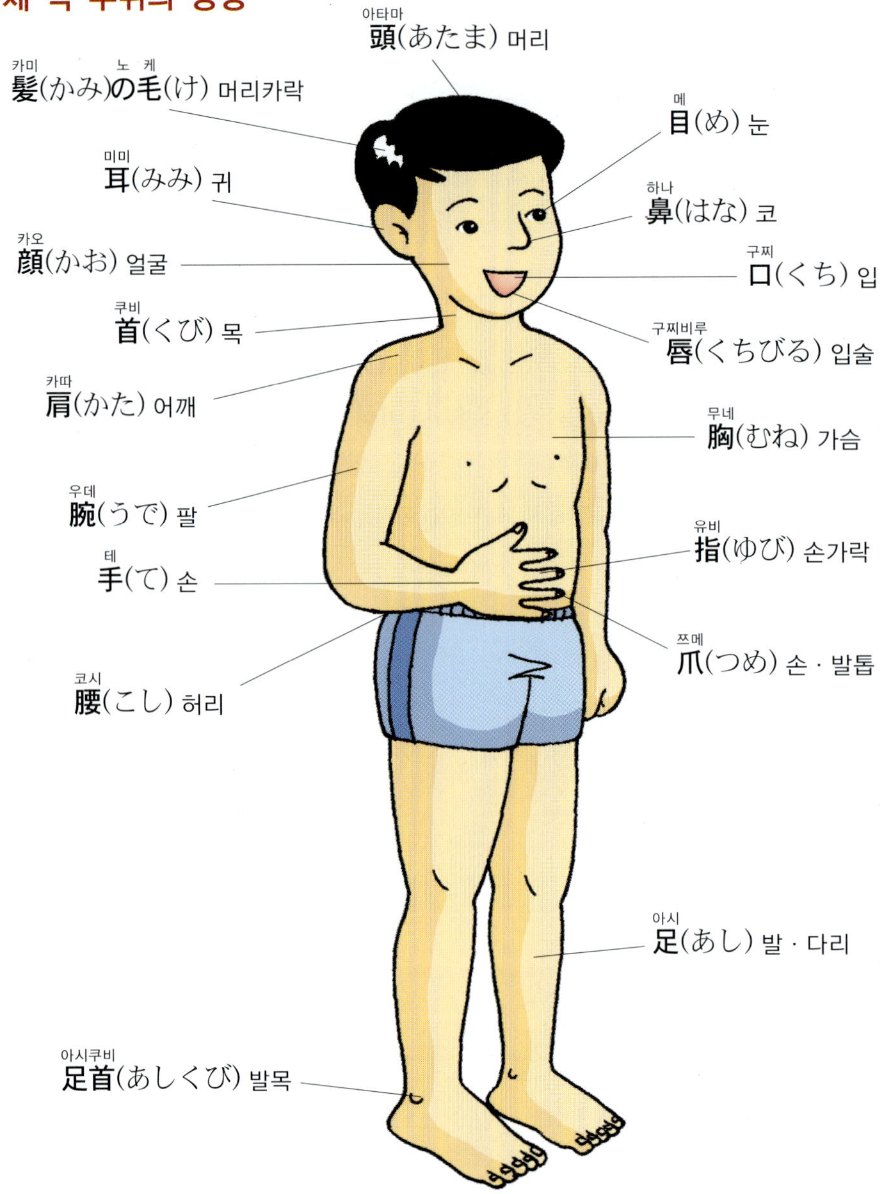

Dialogue

1 ありがとう　ございます。　　감사합니다.

2 どういたしまして。　　천만에요.

3 すみません。　　미안합니다.

4 ごめんなさい。　　미안합니다.

5 しつれいします。／しつれいしました。

실례합니다, 실례하겠습니다.(事前)/실례 많았습니다.(事後)

앞에 'どうも'가 첨가되면 더욱 공손한 말이 되고 구체적인 사안에 대하여 고마움을 표현할 때는 'ありがとう ございました.'로, 허물 없는 사이에는 'ありがとう。(고마워)'라고만도 한다.

'すみません。'보다 친숙한 표현이다. 친한 사이에는 'ごめん。'이라고도 한다.

전화 통화 시 통화가 끝나고 수화기를 내려놓기 전에도 'では、しつれいします。'라고 한다. 여기서는 '그럼, 먼저 끊겠습니다.'의 의미이다.

1. 다음 문장이 자연스러워지도록 ( )을 채우시오.

1) 私(　　　) 前(　　　) 中村さんが　います。

2) スタンドの　横(　　　) 林さんがいます。

3) つくえの　上に　(　　　)が　ありますか。
　　新聞が　あります。

4) 教室の　中に　(　　　)が　いますか。
　　金さんと　李さんが　います。

5) テレビの　後ろに　(　　　)が　いますか。
　　ねこが　います。

6) テーブルの　上に　何(　　　) ありますか。
　　はい、あります。電話が　あります。

Tip

1.
2) スタンド
　「스탠드」

3) 新聞(しんぶん)
　「신문」

4) 教室(きょうしつ)
　「교실」

5) 何(なに)が　ありますか。
　「무엇이 있습니까?」 존재하는 물건의 종류·이름을 묻고 있으므로, 'はい/いいえ'로 대답할 수 없다.

何(なに)か　ありますか。
「무엇인가 있습니까?」 물건의 존재 유무를 묻고 있으므로, 'はい/いいえ'로 대답할 수 있다.

2. 다음 문장을 읽고 그림 속의 빈 칸에 이름을 써 넣으시오. 

私の　隣<ruby>となり</ruby>に　太郎<ruby>た ろう</ruby>さんが　います。

私の　後<ruby>うし</ruby>ろに　崔さんが　います。

崔さんの　隣<ruby>となり</ruby>に　佐藤<ruby>さ とう</ruby>さんと　山田<ruby>や ま だ</ruby>さんが　います。

山田<ruby>や ま だ</ruby>さんの　前<ruby>まえ</ruby>に　太郎<ruby>た ろう</ruby>さんが　います。

佐藤<ruby>さ とう</ruby>さんの　横<ruby>よこ</ruby>に　テーブルが　あります。

Tip

2.
後(うし)ろ
「뒤」

前(まえ)
「앞」

テーブル
「테이블」

1. 　1）の、に　　　2）に　　　3）何

　　　4）だれ　　　5）何　　　6）か

2. 　1）崔　　　2）太郎<ruby>た ろう</ruby>

動物園は　面白い　所です。

동물원은 재미있는 곳입니다.

point

○ い형용사의 활용

→長いです　　　　　　　　　깁니다

→長くて　　　　　　　　　길고, 길어서

→長く　ありません　　　길지 않습니다

→長い＋**명사**　　　　　긴＋명사

A　ここは　どこですか。
여기는　　　어디입니까?

B　動物園です。
동물원입니다.

A　あれは　何ですか。
저것은　　　무엇입니까?

B　あれは　象です。
저것은　　　코끼리입니다.

A　象は　鼻が　長いですね。
코끼리는 코가　　길군요.

B　はい、そうです。
네,　　　그렇습니다.

A　そして　耳も　大きいですね。
그리고　　귀도　　크군요.

B　はい、象は　鼻も　長くて、耳も　大きいです。
예，　　코끼리는 코도　길고,　　귀도　큽니다.

A　あそこの　くびの　長い　動物は　何ですか。
저기　　　　목이　　긴　　동물은　무엇입니까?

- 動物園(どうぶつえん) 동물원
- 象(ぞう) 코끼리
- 鼻(はな) 코
- 長(なが)い 길다
- そして 그리고
- 耳(みみ) 귀
- 大(おお)きい 크다
- くび(首) 목
- 動物(どうぶつ) 동물

69

B
あれは　きりんです。
저것은　　기린입니다.

A
きりんは　耳が　大きく　ないですね。
기린은　　귀가　크지　앉군요.

B
はい、そうです。
네,　그렇습니다.

大きく　ありません。小さいです。
크지　않습니다.　작습니다.

A
やあ、動物園は　本当に　面白い　所ですね。
야아,　동물원은　정말로　재미있는　곳이군요.

- **きりん** 기린
- **小(ちい)さい** 작다
- **本当(ほんとう)に** 정말로
- **面白(おもしろ)い** 재미있다
- **所(ところ)** 곳, 장소

Grammar

1. 조사 が

우리말의 '~이/~가'로 해석되며 동작의 주체나 성질을 나타낸다.

あの　方が　私の　先生です。

(저분이 우리 선생님입니다.)

* ~が
「~이, ~가」

2. ~ね

문장 끝에 와서 상대에게 동의를 구하거나 어떤 사실을 확인하고자 할 때 쓰인다.

この　公園は　広いですね。

(이 공원은 넓군요.)

3. くびの　長い　動物

뜻은 '목이 긴 동물'인데, 여기서의 'の'는 주어와 서술어로 된 절이 뒤에 오는 명사를 수식할 때 앞의 절 안에 있는 주격조사 'が'를 'の'로 대신하는 경우이다. 'の'의 용법은 이처럼 다양하다.

* の의 용법
여기서의 'の'는 주어를 나타낸다.
○雪(ゆき)の　ふる　夜(よる)が…
　→ 눈이 내리는 밤이…
○天気(てんき)の　いい　日(ひ)が…
　→ 날씨가 좋은 날이…

4. ええ

우리말의 '예'와 마찬가지로 상대의 말에 대한 긍정·수긍의 의미를 나타낸다. 그러나 보다 정중히 표현하고자 할 때는 'はい'로 대답하는 것이 바람직하다.

い形容詞

　い형용사는 사물의 성질, 상태, 모양, 말하는 이의 감정, 판단 등을 나타내는 품사로, 일본어에서는 い형용사, な형용사 두 종류가 있다.

1. 기본형은 'い'로 끝난다.

　大きい(크다)　　　小さい(작다)

　長い(길다)　　　短かい(짧다)

2. 활용을 한다. (쓰임에 따라 어미가 변한다)

　문장 끝에 오거나(종지형) 뒤에 오는 명사를 수식할 때(연체형)는 기본형과 같은 꼴을 쓴다. 명사를 수식할 때의 모양이 '〜い(명사)'이므로 'い형용사'라 한다.

　長い(길다) ← 기본형

　象の 鼻は 長い。← 종지형

　(코끼리의 코는 길다.)

　あの 首の 長い 動物は きりんです。← 연체형

　(저 목이 긴 동물은 기린입니다.)

3. 접속조사 'て(〜고/〜서)'에 연결할 때는 어미를 'く'로 고치고 'て'를 붙인다.

　長い → 長くて(길고)

　小さい → 小さくて(작고)

4. 보다 정중하게 표현하고자 할 때에는 기본형에 'です'를 붙인다.

　面白いです。

　(재미있습니다)

　長いです。

　(깁니다)

5. い형용사의 부정

형용사의 부정은 어미 ‘い’를 ‘く’로 고치고, ‘ない’ 또는 ‘ないです/ありません’을 붙인다.

	긍정	부정
보통체	大きい(크다) 小さい(작다)	大き**く ない**(크지 않다) 小さ**く ない**(작지 않다)
정중체	大きいです(큽니다) 小さいです(작습니다)	大き**く ないです**(크지 않습니다) 大き**く ありません**(크지 않습니다) 小さ**く ないです**(작지 않습니다) 小さ**く ありません**(작지 않습니다)

6. 문장의 뜻에 따라 ‘**く**’와 ‘**ない**’ 사이에 조사 ‘**は**’나 ‘**も**’를 삽입시킬 수 있다.

吉田さんの 目は 大き**くも** 小さ**くも** ありません。

(요시다 씨의 눈은 크지도 작지도 않습니다.)

わたしの 学校は あまり 遠**くは** ありません。

(우리 학교는 그다지 멀지는 않습니다.)

おいしい 果物(くだもの)

맛있는 과일

♣ **과일의 종류**

쿠 다 모 노
りんご 사과
링 고

なし 배
나 시

かき 감
가 끼

バナナ 바나나
바 나 나

すいか 수박
스 이 까

レモン 레몬
레 몬

オレンジ 오렌지
오 렌 지

みかん 귤
미 깡

パイナップル 파인애플
파 이 납 뿌 루

ぶどう 포도
부 도ー

メロン 메론
메 론

いちご 딸기
이 찌 고

여러 가지 형용사

♣ 반대의 뜻을 가진 형용사

長(なが)い	길다	短(みじか)い	짧다
高(たか)い	비싸다	安(やす)い	싸다
高(たか)い	높다	低(ひく)い	낮다
遠(とお)い	멀다	近(ちか)い	가깝다
明(あか)るい	밝다	暗(くら)い	어둡다
やさしい	쉽다	難(むずか)しい	어렵다
早(はや)い	이르다	遅(おそ)い	늦다
おいしい／うまい	맛있다	まずい	맛없다
広(ひろ)い	넓다	狭(せま)い	좁다
暑(あつ)い	덥다	寒(さむ)い	춥다
大(おお)きい	크다	小(ちい)さい	작다
多(おお)い	많다	少(すく)ない	적다
いい／よい	좋다	悪(わる)い	나쁘다

赤(あか)い	빨갛다	青(あお)い	파랗다
黄色(きいろ)い	노랗다	黒(くろ)い	검다
白(しろ)い	하얗다	可愛(かわい)い	귀엽다

연습문제

1. 다음 (　) 안을 적절한 형태로 채우시오.

1) 動物園は　本当に　面白(　　　)です。

2) あの　赤(　　　)　ボールペンは　だれのですか。

3) 私の　部屋は　広(　　　)て　あかるいです。

4) 日本語は　むずかし(　　　)　ないです。

5) おいしく(　　　)　やす(　　　)　果物は　何ですか。

1.

3) 広(ひろ)い
「넓다」
あかるい
「밝다」

4) むずかしい
「어렵다」

5) 果物(くだもの)
「과일」

2. 다음 보기와 같이 반대어를 찾아 쓰시오.

보기	大きいです。 → 大きく　ありません。小さいです。

1) 長いです。

____

2) 高いです。

____

3) 暑いです。

____

2.

1) 長(なが)い
「길다」

2) 高(たか)い
「높다/비싸다」

3) 暑(あつ)い
「덥다」

3. 보기와 같이 문장을 바꾸어 보시오.

| 보기 | 李さんの　かばんは　大きいです。黒いです。
→ 李さんの　かばんは　大きくて　黒いです。 |

1) 私の　部屋は　広いです。明るいです。

2) スミスさんの　目は　大きいです。青いです。

3) 隣の　ねこは　小さいです。かわいいです。

정답

1. 1）い　2）い　3）く　4）く　5）て、い

2. 1）長く　ありません。短いです。

2）高く　ありません。低いです／安いです。

3）暑く　ありません。寒いです。

3. 1）私の　部屋は　広くて　明るいです。

2）スミスさんの　目は　大きくて　青いです。

3）隣の　ねこは　小さくて　かわいいです。

この 辺は にぎやかですね。

이 주변은 번화하군요.

Point

○ な형용사의 활용

→ きれいです。 　　　　　　　　　　깨끗합니다

→ きれいで 　　　　　　　　　　　　깨끗하고, 깨끗해서

→ きれいでは ありません 　　　　　깨끗하지 않습니다

→ きれいな+명사 　　　　　　　　　깨끗한＋명사

○ ～が すきだ

～가 좋다

○ で의 용법

山田 (야마 다)

この 辺は にぎやかですね。
이 　　　주변은 　번화하군요.

高い ビルも 多いし…。
높은 　빌딩도 　많고…….

朴 (박)

ええ、 そうです。
예, 　　　그렇습니다.

ここは ソウルで 一番 にぎやかな 町です。
여기는 　서울에서 　가장 　번화한 　　　　거리입니다.

^{야마 다} ^상 ^와 ^{사케} ^스
山田さんは　お酒が　好きですか。
야마다 씨는　　　술을　　　좋아합니까?

山田　**いいえ、お酒は　あまり　好きでは　ありません。**
아니요,　　　술은　　　그다지　좋아하지　　않습니다.

朴　**それでは　焼き肉は　好きですか。**
그러면　　　불고기는　　좋아합니까?

山田　**焼き肉は　とても　好きです。**
불고기는　　매우　　　좋아합니다.

- 辺(へん)　근처, 부근
- にぎやかだ　번화하다
- 高(たか)い　높다
- ビル　빌딩
- ソウル　서울
- 一番(いちばん)　제일, 가장
- 町(まち)　중소도시, 거리
- お酒(さけ)　술
- ～が　好(す)きだ　～를 좋아하다
- あまり　그다지
- 焼(や)き肉(にく)　불고기
- とても　매우

朴　近くに　焼き肉で　有名な　店が　あります。
근처에　불고기로　유명한　가게가　있습니다.

どうですか。
어떻습니까?

山田　いいですね。
좋지요.

朴　その　店は　店員さんたちも　親切だし、
그　가게는　점원들도　상냥하고,

きれいで　いいですよ。
깨끗해서　아주 좋아요.

새단어

- 近(ちか)く　가까운 곳, 근처
- 有名(ゆうめい)だ　유명하다
- 店(みせ)　가게
- 店員(てんいん)　점원
- 親切(しんせつ)だ　친절하다
- きれいだ　아름답다, 깨끗하다
- いい　좋다

Grammar

point

문법포인트

1. ~し

접속조사로 우리말의 '~이고'에 해당한다. 동사, い형용사, な 형용사 등 활용어의 종지형에 붙으며 회화체에서 주로 쓰인다.

金さんは きれいだし やさしくて 人気が ありますよ。

(김씨는 아름답고 상냥해서 인기가 있어요.)

2. で

격조사로서 사용범위가 상당히 넓지만 여기서는 두 가지 정도의 용법만 다루기로 한다.

1) 동작이 행해지는 장소 또는 범위 등을 나타낼 때에는 '~에서'라고 해석한다.

この ビルは ソウルで 一番 高いです。← 범위

(이 빌딩은 서울에서 가장 높습니다.)

2) 이유·근거를 나타내는 경우에는 '~로, ~때문에'라고 해석한다.

日本は 刺身で 有名です。← 이유·근거

(일본은 회로 유명합니다.)

3. ~が すきだ

'~를 좋아하다'라는 뜻의 'すきだ'를 이용하여 문장을 만들 때 '~을/~를'에 해당하는 목적격 조사 を를 사용하기 쉬우나, 이때는 격조사 'が'를 사용하는 점에 주의해야 한다.

반대 의미인 'きらいだ'의 경우도 마찬가지이다.

❀ で
① 동작이 행해지는 장소
  · 범위 : ~에서
② 이유·근거 : ~때문에

❀ ~が すきだ
「~를 좋아하다」
↔ ~が きらいだ
「~를 싫어하다」
※ 이때 쓰이는 조사 'が'에 주의!

"

私は　サッカーが　すきだ。
(나는 축구를 좋아한다.)
私は　数学（すうがく）が　きらいだ。
(나는 수학을 싫어한다.)

4. あまり

'あまり'는 부정문에서 'ない/ありません' 등과 호응하여 '별로/그다지'란 뜻을 나타낸다.

あまり　安（やす）く　ありません。
(그다지 싸지 않습니다.)

あまり　すきでは　ありません。
(그다지 좋아하지 않습니다.)

5. ～よ

무언가 주장을 할 때나 자신의 의견을 내세우고자 할 때 사용할 수 있다. 체언 및 활용어(동사, い형용사, な형용사 등)의 종지형에 접속된다.

公園（こうえん）の　さくらの　花（はな）は　ほんとうに　きれいですよ。
(공원의 벚꽃은 정말 아름다워요.)

❀ **サッカー**
「축구」

数学(すうがく)
「수학」

❀ **あまり**
「별로, 그다지」여기서 쓰인 'あまり'는 정도부사로서 사물의 성질·상태·정도를 나타낸다.

❀ **～よ**
· 다짐, 강조
· 부름
· 명령, 부탁, 권유

❀ **公園**(こうえん)
「공원」

さくら
「벚꽃」

花(はな)
「꽃」

な형용사

　　な형용사란 일찍이 형용사가 발달하지 못한 일본어의 부족분을 메우기 위하여 기존의 한자어·명사·외래어 등에 'だ'를 붙인 형태로 형용사와 같은 기능과 역할을 하도록 만든 낱말들이다. 'な형용사'란 이름은 뒤에 오는 명사를 수식(연체형)할 때의 모양이 '〜な'의 형태를 취하므로 붙여진 이름이다.

1. 기본형은 '〜だ'로 끝난다.(사전에는 보통 어간만 실려 있는데, 여기서는 い형용사와의 비교를 위하여 기본형을 '〜だ'로 한다.)

　　有名だ (유명하다)

　　便利だ (편리하다)

　　静かだ (조용하다)

　　きれいだ (아름답다/깨끗하다)

2. 활용을 한다.

　　い형용사와 마찬가지로 기본형과 종지형은 '〜だ'의 형태로 같은 반면, 연체형은 다르다.

　　静かだ (조용하다) ← 기본형

　　この　辺は　静かだ。← 종지형
　　(이 주변은 조용하다.)

　　ここは　静かな　町ですね。← 연체형
　　(여기는 조용한 마을이군요.)

3. 연결형 〜で

　　'〜고/〜서'의 연결형을 어미 'だ'를 'で'로 고쳐서 활용한다.

　　あの　店は　きれいで　広いです。
　　(저 가게는 깨끗하고 넓습니다.)

4. 정중한 표현은 어미 'だ'를 떼고 'です'를 붙인다.

韓国は キムチが 有名です。

(한국은 김치가 유명합니다.)

5. **な형용사의 부정**

　な형용사의 부정은 어미 'だ'를 부정형 어미 '～では ない/～では ないです(ありません)'로 바꾼다.

	긍정	부정
보통체	きれいだ (아름답다) 静かだ (조용하다)	きれいでは ない (아름답지 않다) 静かでは ない (조용하지 않다)
정중체	きれいです (아름답습니다) 静かです (조용합니다)	きれいでは ないです (아름답지 않습니다) きれいでは ありません (아름답지 않습니다) 静かでは ないです (조용하지 않습니다) 静かでは ありません (조용하지 않습니다)

6. **な형용사의 동시부정**

　두 가지의 な형용사를 동시에 부정할 때는 '～だ　～だ'를 '～でも　～でも ありません'으로 바꾼다.

卵は あまり 好きでも きらいでも ありません。

(달걀은 그다지 좋아하지도 싫어하지도 않습니다.)

※ 好きだ(좋아하다)　きらいだ (싫어하다)

新鮮な 野菜
신선한 야채

♣ **야채의 종류**

にんじん 당근

はくさい 배추

だいこん 무

たまねぎ 양파

きゅうり 오이

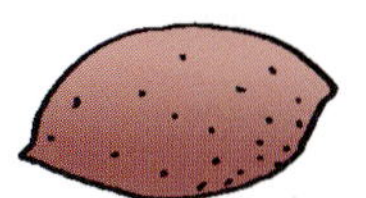

さつまいも 고구마

じゃがいも 감자

にんにく 마늘

なす 가지

かぼちゃ 단호박

Dialogue

1 どうも。

원뜻은 '매우, 정말로'라는 뜻으로, 감사나 사죄의 표현에서 그 강도를 더하는 역할을 하기도 하고, 'どうぞ'와 함께 함축된 의미로서 다양하게 쓰인다. 안면 있는 사람을 오랜만에 만나 반가움을 표시할 때도 'やあ！どうも。', 회사 동료들과의 회식 후 헤어질 때도 'じゃ、どうも。'

2 どうぞ。

'부디, 아무쪼록'이라는 뜻의 부사이다. 일상 생활에서는 그 뒤의 구체적인 표현을 생략하고 제스처와 함께 다양한 뜻으로 사용된다. 현관에서 'どうぞ。(들어오세요)', 음료수나 음식을 앞에 두고 'どうぞ。(드세요)', 자리를 권할 때도 'どうぞ。(앉으세요)', 상대방의 부탁이나 의뢰에 대해 승낙할 때도 'はい、どうぞ。(네, 그러세요)'라고 한다.

※위 두 표현은 말 자체의 뜻보다는 상황을 잘 이해하고 사용하는 것이 중요하다.

Review
연습문제

1. 다음 문장을 완성하시오.

1) ソウルは　交通が　（　　　）　所です。　　（便利だ）

2) 吉田さんは　（　　　）　まじめな　人です。　　（元気だ）

3) 私は　野球は　あまり　（　　　）では　ありません。
（好きだ）

4) この　デパートは　とても　（　　　）です。　　（親切だ）

2. 다음 보기와 같이 문장을 바꾸시오.

보기	この　果物は　おいしいです。 →　これは　おいしい　果物です。

1) この　町は　しずかです。

2) この　車は　はやいです。

3) この　カメラは　便利です。

4) あの　店は　きれいです。

Tip

1.

1) 交通(こうつう)
「교통」

2) 元気(げんき)だ
「건강하다」
まじめだ
「성실하다」

3) 野球(やきゅう)
「야구」

4) デパート
「백화점」

Tip

2.

1) 町(まち)
「마을, 중소도시」

2) 車(くるま)
「자동차」

4) 店(みせ)
「가게」

Exercise

3. 다음 문장을 일본어로 옮기시오.

1) 당신은 스포츠를 좋아합니까?(スポーツ　好<ruby>き<rt>す</rt></ruby>だ)

2) 한국의 김치는 유명합니다. (キムチ　<ruby>有名<rt>ゆうめい</rt></ruby>だ)

Tip

3.

1) スポーツ
「스포츠」

2) キムチ
「김치」

정답

1. 1) <ruby>便利<rt>べんり</rt></ruby>な　　2) げんきで　　3) <ruby>好<rt>す</rt></ruby>き　　4) <ruby>親切<rt>しんせつ</rt></ruby>

2. 1) ここは　しずかな　<ruby>町<rt>まち</rt></ruby>です。

2) これは　はやい　<ruby>車<rt>くるま</rt></ruby>です。

3) これは　<ruby>便利<rt>べんり</rt></ruby>な　カメラです。

4) あそこは　きれいな　<ruby>店<rt>みせ</rt></ruby>です。

3. 1) あなたは　スポーツが　<ruby>好<rt>す</rt></ruby>きですか。

2) <ruby>韓国<rt>かんこく</rt></ruby>の　キムチは　<ruby>有名<rt>ゆうめい</rt></ruby>です。

そば : 메밀국수

일본인들이 즐기는 먹거리 중 빼놓을 수 없는 것이 바로 이 **そば**(소바)이다. 일명 메밀국수라 하는데, 우리나라 대중음식점에서도 쉽게 찾아볼 수 있는 것은 **そば** 중에서도 **ざるそば**(자루소바)라고 하는 것이다. 메밀국수를 삶아 **ざる**(자루)라고 하는 체에 받쳐내고 간장으로 간을 맞춘 엷은 맛의 다시국물에 잘게 썬 파, 곱게 간 무 등을 풀어 그 국물에 삶은 메밀면을 담갔다 건져 먹는 것이다. 그밖에도 여러 종류의 **そば**가 일본인들의 사랑을 받고 있는데 철판 위에서 메밀국수와 각종 야채를 함께 볶아내는 **やきそば**(야끼소바), 삶은 메밀국수에 우동 국물 비슷한 따뜻한 국물을 붓고 그 위에 유부를 올려 놓은 **きつねそば**(키쯔네소바) (きつね는 '여우'라는 말인데, 유부의 색깔이 여우털의 빛깔과 비슷하다 하여 이름지어졌다), 튀김부스러기를 띄운 **たぬきそば**(타누끼소바)(알맹이는 빠졌다는 뜻) 등이 있다.

또 한 가지 재미있는 것은 이 **そば**에 대한 일본인들의 발상이다. 먼저 일본인들의 풍습 중에는 **引越しそば**(힉꼬시소바)(이사턱 국수)라는 게 있다. 보통 우리나라에서 이사를 가면 새로운 이웃들에게 시루떡을 돌리며 신고식을 하듯 일본에서는 **そば**를 이웃들에게 나누어 주는데, 그것은 **そば**로부터 '가늘고 길게'라는 연상을 하기 때문이다. 즉 새로운 이웃들과 '국수가락처럼 가늘고 길게 오래도록 사귈 수 있도록'이라는 바람을 담고 있다는 것이다. 비슷한 예로 한해를 마무리하는 섣달 그믐날 일본의 가정에서는 거의 예외없이 **年越しそば**(토시코시소바)를 먹는데, 이 또한 한해를 잘 넘긴 데 대한 감사의 마음과 더불어 앞으로도 오래오래 가늘고 길게 장수하기를 비는 마음에서라고 전한다.

いま 何時ですか。

지금 몇 시입니까?

○시간 묻고 답하기

→いま 何時ですか。
지금　몇 시입니까?

→～時　～分です。
～시　～분입니다.

→～は　いつですか。
～은　언제입니까?

○～から　～まで
～부터　～까지

A **すみません。**
실례합니다.

B **はい。**
네.

A **この 辺に 銀行が ありますか。**
이　주변에　은행이　있습니까?

B **はい、あそこの 病院の 向うに あります。**
네,　저기　병원　맞은편에　있습니다.

A **銀行の 昼休みは いつですか。**
은행의　점심시간은　언제입니까?

B たいてい　十二時から　午後　一時までですが…
대개　　　　열두 시부터　　오후　　한 시까지입니다만…

A あ、そうですか。
아,　그렇습니까?

すみませんが、いま　何時ですか。
실례합니다만　　　지금　몇 시입니까?

B えーと、十二時　十分ですね。
음…,　　　열두 시　십 분이군요.

A え？では…、銀行は　いま　昼休みですね。
네?　그럼　　　은행은　지금　점심시간이겠군요?

- **辺**(へん)　주변, 근처
- **銀行**(ぎんこう)　은행
- **病院**(びょういん)　병원
- **向**(むこ)う　맞은편
- **昼休**(ひるやす)み　점심시간
- いつ　언제
- たいてい　대개
- **午後**(ごご)　오후(↔**午前**〈ごぜん〉 오전)
- **時**(じ)　～ 시
- いま　지금

B いいえ、昼休みでも 銀行は 休みでは ありません。
아니요, 점심시간이어도 은행은 쉬지 않아요.

A あ、そうですか。 どうも。
아, 그렇습니까? 고맙습니다.

B あ、すみません。
잠깐만요.

A え？
네?

B 今日は 日曜日ですよ。
오늘은 일요일이에요.

ですから 銀行は 全部 休みです。
그러니까 은행은 전부 휴무이지요.

A へえ？
네?

- 休(やす)み 휴무, 쉼
- 今日(きょう) 오늘
- 日曜日(にちようび) 일요일
- 全部(ぜんぶ) 전부

Grammar

1. すみません

여기서의 'すみません'은 '미안합니다'의 사죄의 표현이 아니라, '여보세요/실례합니다'의 의미로 다른 사람의 주의를 끌기 위해 사용된 말이다. 따라서 낯선 곳에서 길을 묻기 위해 말을 걸 때나 식당 같은 곳에서 종업원을 부를 때 등등에서 사용할 수 있다.

2. いつですか

때를 묻는 의문사 'いつ'는 '언제'라고 해석한다.

夏休みは　**いつ**からですか。 (여름방학은 언제부터입니까?)

● 夏休(なつやす)み
「여름방학, 휴가」

～から
「～부터」

3. ～から　～まで

우리말의 '～부터 ～까지'에 해당하는 말이다. 시간·장소 등을 나타내는 단어에 붙어 일정한 범위를 나타낸다.

ここ**から**　釜山**まで**は　遠いですよ。

(여기서 부산까지는 멀어요.)

授業は　朝　9時**から**　午後　4時**まで** です。

(수업은 아침 9시부터 오후 4시까지입니다.)

● ～から　～まで
「～에서 ～까지」시간·장소의 시작과 끝을 나타낸다.

● 授業(じゅぎょう)
「수업」

4. 一時までですが

여기서의 'が'는 앞서 배운 주격조사 'が(이/가)'가 아닌 종조사로서 서술어 뒤에 붙어 우리말의 '～다만'의 의미를 나타낸다. 서로 상반되는 두 문장을 이어주는 역접의 의미도 있고, 단순히 두 문장을 이어주거나 어떤 말의 여운을 남기고자 하는 의도로도 사용된다.

● ～が
「입니다만…」

私が 松下〔まつした〕です**が**。 (제가 마쓰시타입니다만…)

すみません**が**。 (실례합니다만…)

5. えーと

우리말의 '음…/저…'에 해당하는 말로, 금방 할말이나 표현이 떠오르지 않아 잠시 생각할 때나 본론을 꺼내기에 앞서 좀 뜸을 들이는 기분을 표현할 때 사용한다.

❀ **えーと**
「음…, 저…」

6. 〜でも

'〜라도/〜이어도'의 의미로 쓰인다. 단어 뒤에 붙는 접미어로서 만 쓰이는 것이 아니라 문장 맨 앞에 와서 상대방 의견에 반대되는 의견을 내거나 망설임을 나타낼 때 접속조사로도 사용할 수 있다. '그래도/그렇지만'이라고 해석한다.

❀ **〜でも**
「〜라도, 〜이라도」

パン**でも** いいですか。 ← 접미어
(빵이라도 괜찮겠어요?)

A : やあ、これ とても いいですね。
(야, 이것 참 좋군요.)

B : **でも**… ちょっと 高〔たか〕く ないですか。← 접속조사
(하지만 좀 비싸지 않아요?)

7. どうも

상황에 따라 여러 가지 의미로 쓰이나 여기서는 '고맙다'는 의미로 쓰였다.

8. 날(日)의 순서

おととい	きのう	きょう	あした	あさって	しあさって
그저께	어제	오늘	내일	모레	글피

일본어의 숫자 읽는 법

일본어에는 숫자를 읽는 방법이 한수사와 고유수사 두 가지가 있으며, 그중 한수사는 한자의 음을 따서 읽는 방법으로 우리말의 '일 이 삼 사…'에 해당하는 말이다.

1	一(いち)	11	十一(じゅういち)
2	二(に)	12	十二(じゅうに)
3	三(さん)	13	十三(じゅうさん)
4	四(し、 よん)	14	十四(じゅうよん、 じゅうし)
5	五(ご)	15	十五(じゅうご)
6	六(ろく)	16	十六(じゅうろく)
7	七(しち、 なな)	17	十七(じゅうなな、 じゅうしち)
8	八(はち)	18	十八(じゅうはち)
9	九(く、 きゅう)	19	十九(じゅうきゅう、 じゅうく)
10	十(じゅう)	20	二十(にじゅう)

11부터는 'じゅういち、じゅうに、じゅうさん……'과 같이 단순조합의 형태로 생각하면 된다.

'4・7・9'와 같은 숫자는 'し・しち・く'외에 음이 하나씩 더 존재하며, 4의 경우 'し'는 한자의 '死'와 음이 같으므로 이를 기피하고자 하는 마음에서 'よん'이라는 음을 하나 더 만들어냈다. 7에 'しち(死地)'외에 'なな'라는 음이, 9에 'く(苦 ; 고통, 괴로움)'외에 'きゅう'라는 음이 있는 것도 같은 연유에서 비롯된 것이다.

현대어에서는 대개 'よん・なな・きゅう'발음을 사용한다.

시간 읽는 법

1시	一時(いちじ)	1분	一分(いっぷん)
2시	二時(にじ)	2분	二分(にふん)
3시	三時(さんじ)	3분	三分(さんぷん)
4시	四時(よじ)	4분	四分(よんぷん)
5시	五時(ごじ)	5분	五分(ごふん)
6시	六時(ろくじ)	6분	六分(ろっぷん)
7시	七時(しちじ)	7분	七分(ななふん)
8시	八時(はちじ)	8분	八分(はっぷん)
9시	九時(くじ)	9분	九分(きゅうふん)
10시	十時(じゅうじ)	10분	十分(じゅっぷん／じっぷん)
11시	十一時(じゅういちじ)	15분	十五分(じゅうごふん)
12시	十二時(じゅうにじ)	20분	二十分(にじゅっぷん／にじっぷん)
몇 시	何時(なんじ)	25분	二十五分(にじゅうごふん)
		30분	三十分(さんじゅっぷん／さんじっぷん)
		35분	三十五分(さんじゅうごふん)
		40분	四十分(よんじゅっぷん／よんじっぷん)
		45분	四十五分(よんじゅうごふん)
		50분	五十分(ごじゅっぷん／ごじっぷん)
		55분	五十五分(ごじゅうごふん)
		60분	六十分(ろくじゅっぷん／ろくじっぷん)
		몇 분	何分(なんぷん)

시간을 읽을 때에는 '한수사+時／分'의 형식을 취한다.

- 2시 30분 : にじ さんじゅっぷん

  = 2시 반 : にじ 半(はん)

- 4시 45분 : よじ よんじゅうごふん

  = 5시 15분 전 : ごじ じゅうごふん 前(まえ)

- 정각 1시 : ちょうど いちじ

세어 봅시다!

수	枚(まい)	本(ほん)	冊(さつ)	足(そく)
1	いちまい	いっぽん	いっさつ	いっそく
2	にまい	にほん	にさつ	にそく
3	さんまい	さんぼん	さんさつ	さんぞく
4	よんまい	よんほん	よんさつ	よんそく
5	ごまい	ごほん	ごさつ	ごそく
6	ろくまい	ろっぽん	ろくさつ	ろくそく
7	しちまい	ななほん	ななさつ	ななそく
8	はちまい	はっぽん	はっさつ	はっそく
9	きゅうまい	きゅうほん	きゅうさつ	きゅうそく
10	じゅうまい	じゅっぽん	じゅっさつ	じゅっそく
11	じゅういちまい	じゅういっぽん	じゅういっさつ	じゅういっそく
12	じゅうにまい	じゅうにほん	じゅうにさつ	じゅうにそく
?	なんまい	なんぼん	なんさつ	なんぞく

*枚(まい) : ～장(얇고 평평한 물건). 종이, 시트, 손수건, 접시, 의류…… 등

*本(ほん) : ～자루(가늘고 긴 것). 연필, 우산, 병, 꽃송이…… 등

*冊(さつ) : ～권(책과 같이 ～권으로 세는 물건).

*足(そく) : ～켤레(신발 종류).

1. 다음 그림을 보고 보기와 같이 질문에 대답해 보자.

| 보기 | いま　何時^{なんじ}ですか。
→ さんじです。 |  |

1) いま　何時ですか。

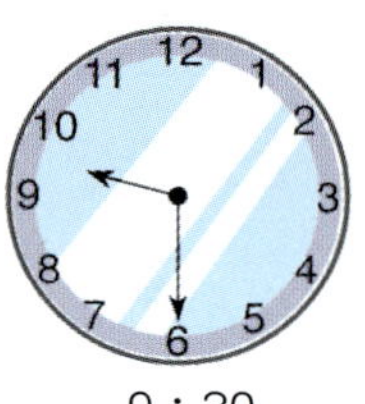

9 : 30

2) いま　何時ですか。

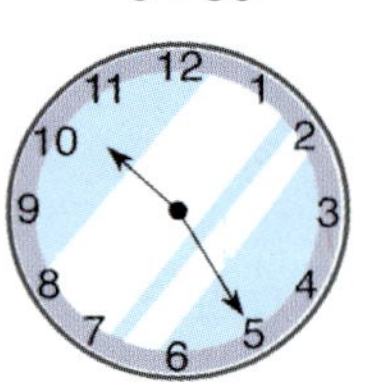

10 : 25

3) いま　何時ですか。

7 : 40

2. 다음 대화의 빈 칸을 채워보시오.

A : (실례합니다만) いま　何時^{なんじ}ですか。

B : えーと、(정각)　8時^じですね。

A : あ、(고맙습니다.)

3. 다음을 일본어로 옮기시오.

Tip

1) 여름방학은 언제부터 언제까지입니까?
(夏休み　〜から　〜まで)

2) 시합은 5時 반부터입니다. (試合　5時半)

3) 일요일은 모두 휴무입니다. (日曜日　全部　休み)

3.
1) 여름방학
　「夏休(なつやす)み」

2) 시합
　「試合(しあい)」

3) 전부
　「全部(ぜんぶ)」

정답

1. 1) 九時半です。／九時　三十分です。　　2) 十時　二十五分です。

3) 七時　四十分です。

2. A : すみませんが

B : ちょうど

A : どうも（ありがとうございます）。

3. 1) 夏休みは　いつから　いつまでですか。　　2) 試合は　5時半からです。

3) 日曜日は　全部　休みです。

全部で いくらですか。

전부 얼마입니까?

point

○一つ、二つ、三つ…
히또 쯔　후따 쯔　밋 쯔
하나,　둘,　셋…

○いくらですか。
이 꾸 라 데 스 까
얼마입니까?

○〜を ください。
　오　쿠 다 사 이
〜을　주세요.

○全部で 〜円です。
젬 부 데　엔 데 스
전부해서　〜엔입니다.

店員　テンイン
いらっしゃいませ。
이 랏　샤 이마 세
어서 오십시오.

客　갸꾸
あの…、りんご ありますか。
링 고
저…,　사과　있습니까?

店員
はい、ありますよ。こちらです。
고 찌 라
네,　있습니다.　이쪽입니다.

赤い りんごと 青い りんごが あります。
아카 이　아오 이
빨간　사과와　파란　사과가　있습니다.

客
どちらが おいしいですか。
도 찌 라 가　오 이시 ― 데 스 까
어느 쪽이　맛있습니까?

店員 どっちでも　おいしいですよ。
　　　양쪽 다　　　　　맛있어요.

客　　では、赤い　りんごを　一つ、二つ、三つ、
　　　그럼,　빨간　사과를　　하나,　둘,　셋,

　　　四つ、四つと　青い　りんごは　えーと　三つ
　　　넷,　네 개와　파란　사과는　음—　세 개

　　　ください。
　　　주세요.

- 店員(てんいん)　점원
- 客(きゃく)　손님
- りんご　사과
- こちら　이쪽, 이곳
- 赤(あか)い　빨갛다
- 青(あお)い　파랗다
- どちら　어느 쪽
- どっち　どちら(어느 쪽)의 회화체
- おいしい　맛있다, 맛좋다
- では　그러면, 그럼
- 一つ(ひとつ)　하나
- 二つ(ふたつ)　둘
- 三つ(みっつ)　셋
- 四つ(よっつ)　넷
- ください　주세요

店員 はい、赤い りんごが 四つ、青い りんごが
네, 빨간 사과 네 개, 파란 사과

三つですね。
세 개요?

客 はい、そうです。全部で いくらですか。
네, 그래요. 전부 얼마지요?

店員 赤い りんごが 一つ 150円、青い りんごが
빨간 사과가 하나에 150엔, 파란 사과가

一つ 120円ですから 全部で 960円です。
하나에 120엔이니까 전부 960엔입니다.

客 ここに 1000円 あります。
여기 1000엔 있습니다.

店員 では 40円の おつりです。
그럼 거스름돈 40엔입니다.

はい、どうも ありがとう ございました。
대단히 감사합니다.

- いくら 얼마
- 150(ひゃくごじゅう) 150
- 円(えん) 일본의 화폐단위
- 120(ひゃくにじゅう) 120
- 960(きゅうひゃくろくじゅう) 960

- ここ 여기
- 1000(せん) 1000
- 40(よんじゅう) 40
- おつり 거스름돈

Grammar

1. いらっしゃいませ。

장사하는 사람들이 손님을 맞을 때 하는 인사로 '어서 오십시오'라는 말이다. 가정집에서 손님을 맞을 때 하는 'いらっしゃい'와 구별하여 사용한다.

> ❀ また おいでくださいませ。
> 「또 오십시오」손님이 물건을 사고 나갈 때에 점원이 하는 인사말이다.

2. こちら

여기서는 'こちら'가 방향을 가리키는 것이 아니라 지시대명사 'これ'의 정중한 표현으로 쓰였다. 이처럼 'こちら・そちら・あちら・どちら'는 때로 사물이나 사람을 가리키기도 한다.

A : よろしく おねがいします。 (잘 부탁합니다.)

B : **こちら**こそ よろしく。 (저야말로 잘 부탁합니다.)

3. どっちでも

'どっち'는 방향을 나타내는 지시대명사 'どちら'의 축약형으로 'どっちでも'는 직역하면 '어느 쪽이라도', 즉 '양쪽 모두'라는 뜻이 된다.

どっちでも いいですよ。 (어느 쪽이든 좋아요.)

4. 全部で

수량・가격・시간 등을 나타내는 말과 함께 쓰여 합계나 한도를 나타낸다.

> ❀ 全部(ぜんぶ)で
> 「전부」

A : 全部で いくらですか。 (모두 합해서 얼마입니까?)

B : 二つで 300円です。 (두 개에 300엔입니다.)

Grammar

5. いくらですか。

'いくら'는 값이나 무게, 양 등을 물을 때 사용하며 우리말의 '얼마'에 해당된다.

あの　くつは　**いくら**ですか。(저 구두는 얼마입니까?)

비교　いくつ

'いくつ'는 사물의 갯수, 나이 따위를 물을 때 사용하며 몇 개, 몇 살에 해당한다.

えんぴつは　**いくつ**　ありますか。(연필은 몇 개 있습니까?)

お**いくつ**ですか。(올해 몇 살입니까?)

6. 가격 읽는 법

가격을 말할 때는 한수사를 이용하여 '일, 십, 백, 천, 만…' 등 단위별로 순서대로 읽으면 된다. 1백과 1천은 각각 'ひゃく・せん', 즉 1을 앞에 붙여 읽지 않지만, 만은 반대로 반드시 붙여서 'いちまん'이라고 읽는다.

십단위		백단위		천단위		만단위	
10	じゅう	100	ひゃく	1000	せん	10000	いちまん
20	にじゅう	200	にひゃく	2000	にせん	20000	にまん
30	さんじゅう	300	さんびゃく	3000	さんぜん	30000	さんまん
40	よんじゅう	400	よんひゃく	4000	よんせん	40000	よんまん
50	ごじゅう	500	ごひゃく	5000	ごせん	50000	ごまん
60	ろくじゅう	600	ろっぴゃく	6000	ろくせん	60000	ろくまん
70	ななじゅう	700	ななひゃく	7000	ななせん	70000	ななまん
80	はちじゅう	800	はっぴゃく	8000	はっせん	80000	はちまん
90	きゅうじゅう	900	きゅうひゃく	9000	きゅうせん	90000	きゅうまん

[그밖의 단위]

10万	じゅうまん
100万	ひゃくまん
1000万	せんまん
1億	いちおく
0.6	れいてんろく
0.85	れいてんはちご

840円 → はっぴゃくよんじゅう円

1365円 → せんさんびゃくろくじゅうご円

7. 고유수사

숫자를 세는 방법에는 앞서 배운 한수사 외에 우리말의 '하나, 둘, 셋…'에 해당하는 고유수사가 있다.

하나	둘	셋	넷	다섯
ひとつ	ふたつ	みっつ	よっつ	いつつ
여섯	일곱	여덟	아홉	열
むっつ	ななつ	やっつ	ここのつ	とお

열하나부터는 고유수사가 따로 존재하지 않고 한수사 한 가지로 통일되어 사용된다. 즉 열하나는 'じゅういち', 열둘은 'じゅうに', 스물셋은 'にじゅうさん', 마흔여섯은 'よんじゅうろく'와 같은 식이 된다.

일본화폐와 화폐 속의 인물

일본 화폐의 단위는 엔(円)이며, ¥으로 표시한다. 화폐는 모두 10종으로 동전이 6종류, 지폐는 모두 4종류가 있다. 일본에서는 가게에서 물건을 살 때 물건 값 외에 가격의 5%에 해당하는 특별소비세가 따로 붙는 것이 우리와 다르므로, 동전도 유용하게 쓰여진다.

일본 은행은 2004년 11월부터 천엔, 오천엔, 만엔권 등 3종에 대해 새로운 도안의 화폐를 발행했는데, 그 주된 배경은 한층 높아진 여성의 사회적 지위와 과학기술의 중요성이 중시되는 사회적 흐름을 반영함과 동시에 점점 교묘해지는 위조지폐에 대응하기 위함에 있다고 한다.

일본 화폐 속의 인물들을 살펴보자.

■野口英世(のぐちひでよ ; 1876-1928)
노 구찌히데 요

유년기의 왼손 화상을 극복하고 매독 병원체의 순수 배양에 성공한 세균학자. 아프리카에서 황열병 연구 중에 사망하였다. 천엔권의 뒷면은 후지산.

■樋口一葉(ひぐちいちよう ; 1872-1896)
히 구찌이찌요―

일본 지폐의 주도안으로 등장한 최초의 여성 모델이다. 메이지(明治)시대의 여류소설가로서 근대소설의 개척자라 할 수 있다. 대표작으로 『십삼야(十三夜)』『키재기』등이 있다. 5천엔권은 구권보다 규격이 1mm정도 큰데, 이는 2천엔권과의 구별을 명확히 하기 위함이라 한다. 뒷면은 제비꽃.

■福沢諭吉(ふくざわゆきち ; 1835-1901)
후꾸자와 유 끼찌

만엔권의 인물은 구권과 동일하다. 일본 최초의 대학인 게이오대학의 설립자이며 메이지시대에 활동한 계몽사상가이다. 서양의 선진문물의 도입을 통한 개혁과 교육의 중요성을 주장하여 자본주의 발달의 사상적 근거를 마련하였다. 뒷면은 봉황새.

2천엔은 서기 2000년을 기념하여 발행되었는데, 통용되는 화폐라기보다 행운을 가져다 준다 하여 기념으로 가지고 있는 경우가 많다. 2천엔에는 인물 사진이 없고, 오키나와의 세계문화유산인 '守礼門(しゅれいもん)'의 사진이 실려 있다.

千円 1,000엔
셍 엔

五千円 5,000엔
고 셍 엔

一万円 10,000엔
이찌 망 엔

二千円 2,000엔
니 셍 엔

五百円 500엔 (고 햐꾸 엔)　百円 100엔 (햐꾸 엔)　五十円 50엔 (고 쥬― 엔)

十円 10엔 (쥬― 엔)　五円 5엔 (고 엔)　一円 1엔 (이찌 엔)

Dialogue

1 ～さんを ご紹介します。　　～씨를 소개합니다.

2 はじめまして。　　처음 뵙겠습니다.

3 ～と 申します。　　～라고 합니다.

4 どうぞ よろしく おねがいします。 잘 부탁드립니다.

5 こちらこそ よろしく。　　저야말로 잘 부탁드립니다.

1. 다음 그림을 보고 보기와 같이 물음에 답해 보시오.

보기
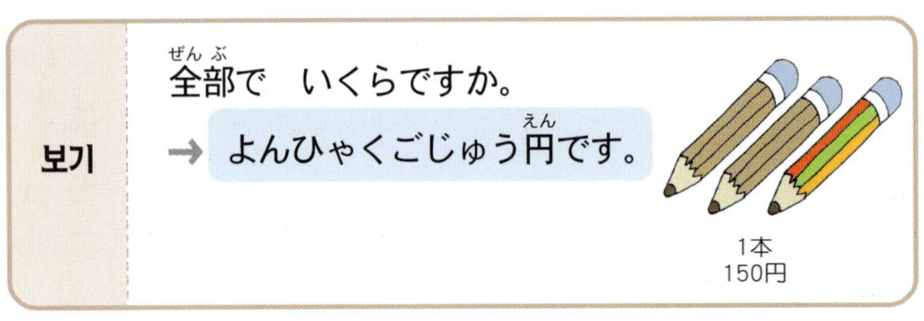

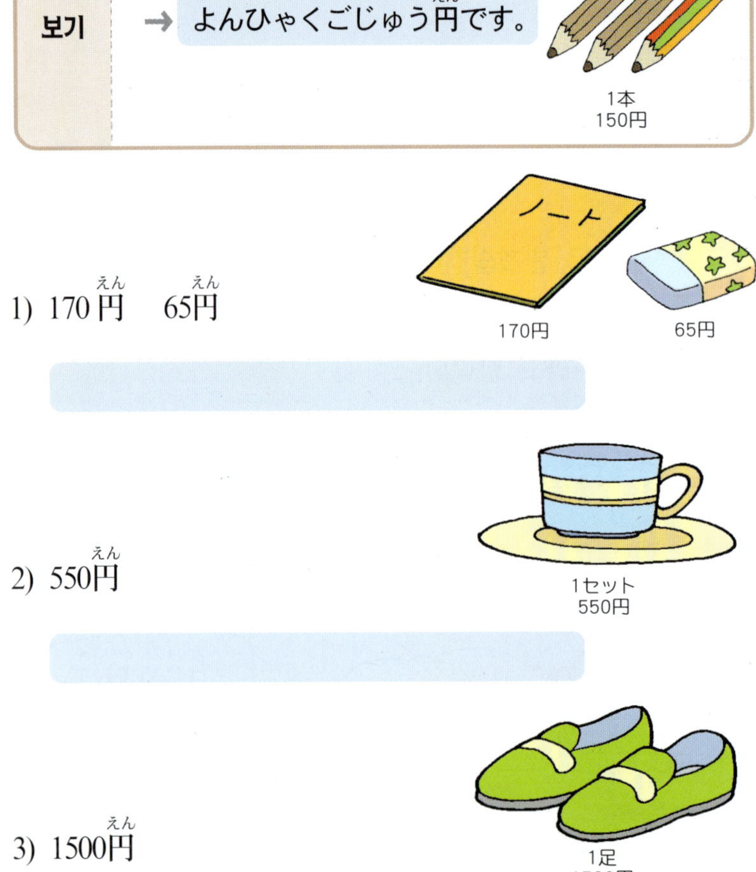

1) 170円　65円

2) 550円
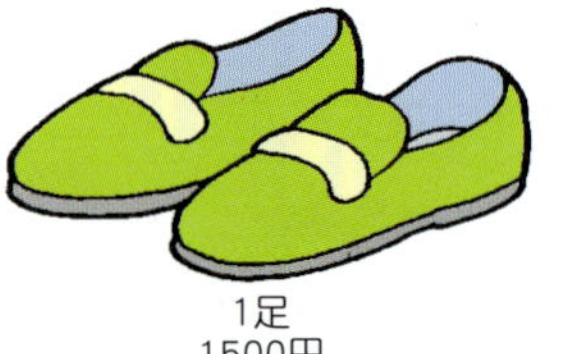

3) 1500円

4) 8600円

2. 다음 (　) 안을 순서에 맞게 채워보시오.

1) ろく－しち－(　　)－きゅう－(　　)

2) みっつ－(　　)－いつつ－(　　)－ななつ

3) さんじゅう－(　　)－ごじゅう－(　　)－ななじゅう

4) せん－にせん－(　　)－よんせん－ごせん

3. 다음을 일본어로 옮기시오.

1) 사과는 하나에 얼마입니까?

2) 둘 다 맛있어요.

3) 전부 몇 개 있습니까?

3.

1) 사과
　「りんご」

2) 맛있다
　「おいしい」

3) 전부
　「全部(ぜんぶ)」

정답

1. 　1) にひゃくさんじゅうご円です。　　2) ごひゃくごじゅう円です。

　　3) せんごひゃく円です。　　4) はっせんろっぴゃく円です。

2. 　1) はち、じゅう　　2) よっつ、むっつ

　　3) よんじゅう、ろくじゅう　　4) さんぜん

3. 　1) りんごは ひとつ いくらですか。　　2) どっちでも おいしいです。

　　3) 全部で いくつ ありますか。

何人　家族ですか。

가족이 몇 명입니까?

○가족 호칭

○~人　家族です。
가족이 ~명입니다.

○~は　おいくつですか。
~은　몇 살입니까?

○~と　~と　どちらが　…ですか。
~과　~중,　어느 쪽을　…합니까?

○~で　いそがしいです。
~로　바쁩니다.

○~が　上手だ
~를　잘한다.

吉田　李さんは　何人　家族ですか。
이씨는　가족이 몇 명입니까？

李　わたしは　5人　家族です。
나의 가족은　다섯 명입니다.

ちち、はは、あにと　あねが　一人ずつ
아버지, 어머니, 형과　누나가　한 명씩,

そして　わたしの　5人です。
그리고　나　다섯입니다.

110

吉田　　　ご両親は　おいくつですか。
　　　　　부모님의　　　연세는 어떻게 됩니까 ?

李　　　　ちちは　今年　５６歳で　会社員です。
　　　　　아버지는　금년　56세이고,　회사원입니다.

　　　　　ははは　５３歳の　主婦です。
　　　　　어머니는　53세의　주부십니다.

　　　　　ははは　結婚の　前は　中学校の　音楽の
　　　　　어머니는　결혼　전에는　중학교　음악

　　　　　先生でした。
　　　　　선생님이었습니다.

- 何人(なんにん)　몇 명
- 家族(かぞく)　가족
- 五人(ごにん)　다섯 명
- ちち　아버지
- はは　어머니
- あに　형,오빠
- あね　누나, 언니

- 一人(ひとり)　한 명
- ずつ　~씩
- そして　그리고
- 両親(りょうしん)　부모님
- いくつ　몇 살, 몇 개
- 今年(ことし)　금년, 올해
- 56歳(ごじゅうろくさい)　56세

- 会社員(かいしゃいん)　회사원
- 53歳(ごじゅうさんさい)　53세
- 主婦(しゅふ)　주부
- 結婚(けっこん)　결혼
- 中学校(ちゅうがっこう)　중학교
- 音楽(おんがく)　음악
- 先生(せんせい)　선생님

111

吉田 お兄さんと　お姉さんと　どちらが　上ですか。
형과　　　　누나 중　　　　어느 쪽이　더 위입니까?

李 あにのほうが　あねより　3歳　上です。
형　　쪽이　　　누나보다　세 살　위입니다.

あには　２８歳で　サラリーマンです。
형은　28세이고　샐러리맨입니다.

吉田 では、お姉さんは。
그럼　누나는?

李 あねは　大学4年生です。
누나는　대학 4학년입니다.

それで　この頃　就職の準備で　いそがしいんです。
그래서　요즈음　취직　준비로　바쁩니다.

あねの　専攻は　コンピューターですが、
누나의　전공은　컴퓨터이지만

英語も　上手ですよ。
영어도　아주 잘합니다.

吉田 そうですか。李さんは　今年　大学　1年生ですね。
아, 그래요?　이씨는　올해　대학　1학년이지요?

- **お兄(にい)さん** (남의)형·오빠
- **お姉(ねえ)さん** (남의)누나·언니
- **ほう** ~쪽, 방향
- **3歳上(さんさいうえ)** 3살 위
- **28歳(にじゅうはっさい)** 28세
- **サラリーマン** 샐러리맨
- **大学四年生(だいがくよねんせい)** 대학 4학년
- **この頃(このごろ)** 요즘
- **就職(しゅうしょく)** 취직
- **準備(じゅんび)** 준비
- **いそがしい** 바쁘다

李　　　はい、そうです。
　　　　네,　　　그렇습니다.

吉田　　専攻は。
　　　　전공은?

李　　　わたしの　専攻は　日本語です。
　　　　저의　　　전공은　　일본어입니다.

　　　　わたしの　夢は　外交官です。
　　　　저의　　　꿈은　　외교관입니다.

吉田　　あ、それで　日本語が　上手ですね。
　　　　아,　그래서　　일본어를　　잘하는군요.

李　　　いいえ、まだまだです。
　　　　아니에요.　아직 멀었는걸요.

- 専攻(せんこう)　전공
- 英語(えいご)　영어
- 上手(じょうず)　잘함
- 一年生(いちねんせい)　1학년
- 日本語(にほんご)　일본어
- 夢(ゆめ)　꿈, 희망
- 外交官(がいこうかん)　외교관
- まだ　아직
- ～が 上手(じょうず)だ　～를 잘한다, 능숙하다[↔～が 下手(へた)だ　～가 서툴다, 잘 못한다]

1. 何人　家族ですか。

'가족이 몇 명입니까'에 해당하는 표현이다. 우리말의 어순 그대로 '家族が 何人ですか'라고는 하지 않는다. 대답할 때도 '～人 家族、～人 兄弟です'의 형태로 하면 된다.

> A : 朴さんは　**何人（なんにん）　兄弟（きょうだい）ですか。**
>
> 　　（박씨는 형제가 몇 명입니까?）
>
> B : あねと　わたしと　いもうとの　**3人（さんにん）　兄弟（きょうだい）です。**
>
> 　　（언니와 나 그리고 여동생 3형제입니다.）

🌸 **何人（なんにん）　かぞくですか。**
「가족이 몇 명입니까?」
→～人 家族です。
　「가족이 ～명입니다」
→～人 兄弟です。
　「형제가 ～명입니다」

2. 사람의 수를 세는 단위 人(にん)

한 사람과 두 사람은 고유수사로 세고 세 사람부터는 '한수사＋조수사 人(にん)'의 형태로 읽어 준다.

一人	ひとり	한 사람, 한 명
二人	ふたり	두 사람, 두 명
三人	さんにん	세 사람, 세 명
四人	よにん	네 사람, 네 명
五人	ごにん	다섯 사람, 다섯 명
六人	ろくにん	여섯 사람, 여섯 명
七人	しちにん／ななにん	일곱 사람, 일곱 명
八人	はちにん	여덟 사람, 여덟 명
九人	きゅうにん／くにん	아홉 사람, 아홉 명
十人	じゅうにん	열 사람, 열 명
十一人	じゅういちにん	열한 사람, 열한 명
何人	なんにん	몇 사람, 몇 명

3. 나이를 세는 단위 才(さい)

나이를 말할 때는 ~살, ~세에 해당하는 단위 才(さい)를 사용한다.

1才	いっさい	5才	ごさい	9才	きゅうさい
2才	にさい	6才	ろくさい	10才	じゅっさい
3才	さんさい	7才	ななさい	何才	なんさい
4才	よんさい	8才	はっさい		

1, 8, 10세의 음 변화에 주의한다. 열 살은 'じっさい'라고도 한다. 한 살부터 열 살까지는 위 표현 외에도 'ひとつ・ふたつ・みっつ…'의 고유수사를 사용하기도 한다. 11세부터는 위 표를 참고하여 '숫자+さい'의 형태로 읽어주면 된다.

11才 — じゅういっさい   14才 — じゅうよんさい

18才 — じゅうはっさい

단, 스무살은 'にじゅっさい'가 아니라 '**はたち**'라고 읽는다.

4. Aと Bと どちらが ～ですか。

두 가지 이상의 사물이나 사항을 비교할 때 쓸 수 있다. 대답은 'A or B の ほうが (B or A)より ～です'의 형태로 하면 된다.

A : 英語と 数学と どちらが 好きですか。

(영어와 수학 중 어느 쪽을 더 좋아합니까?)

B : 英語の ほうが 数学より 好きです。

(영어를 수학보다 더 좋아합니다.)

5. ～年生

일본에서는 학년을 말할 때에 우리말처럼 '～学年(학년)'이 아니라 '～年生'의 표현을 사용한다.

1학년 : 一年生(いちねんせい)

4학년 : 四年生(**よねんせい**) ←'よんねん'이 아님에 주의!

Grammar

6. ～で

여기서의 で는 원인·이유를 나타내는 조사로, '～로/～때문에'로 해석한다.

> 今日は　試験で　いそがしい。(오늘은 시험 때문에 바쁘다.)

7. いそがしいんです。

'～んです'는 주로 회화체에서 쓰며, 근거있는 설명이나 강조·호소하고 싶은 기분을 나타내고자 할 때 사용한다. 앞에 오는 말의 연체형에 이어진다.

> A : どうしたんですか。(왜 그러세요?)
>
> B : あたまが　いたいんです。 (머리가 아파요.)

8. 上手だ

우리말 표현은 '～를 잘한다/능숙하다'에 해당한다. 단, 앞에 오는 목적어에 붙는 조사는 'を'가 아닌 'が'를 사용해야 한다. 'を' 이외의 조사는 상관없이 그대로 사용할 수 있다. 반대 의미인 '～를 잘 못한다/서툴다'의 '下手だ'도 사용법은 같다.

> A : あなたは　英語が　上手ですか。
>
> (당신은 영어를 잘합니까?)
>
> B : はい、上手です。 (네, 잘합니다.)
>
> A : 日本語は　どうですか。(일본어는 어떻습니까?)
>
> B : 日本語は　下手です。(일본어는 서툽니다.)

9. まだまだです。

상대방의 칭찬이나 찬사에 대해 '아직 멀었습니다/부족합니다'의 뜻으로 겸손하게 말할 때 쓰인다. 겸손한 말이지만 표현이 거의 공식화되어 있으므로 칭찬을 받았을 경우, 농담으로라도 'そうでしょう(그렇지요?)'라고 하는 실수는 하지 않도록 한다.

"

家族の 呼び方
가족 호칭법

　일본어의 경어법은 우리말에서처럼 손윗사람에게는 무조건 말을 높이는 절대적인 경어법이 아니라 상대방과의 관계 등 주변사항을 고려하여 사용하는 상대적 경어법을 사용하고 있다. 즉, 상대방과의 거리를 따져 자기쪽에 속하는 사람의 경우는 말을 높이지 않는다. 예를 들면 가족의 호칭에 있어서 나의 가족을 다른 사람에게 소개할 경우에는 경어를 쓰지 않는 것이 원칙이다.

가족 호칭	나의 가족	남의 가족	가족을 직접 부를 때
아버지	ちち	お父さん	おとうさん
어머니	はは	お母さん	おかあさん
부모	りょうしん	ご両親	
형, 오빠	あに	お兄さん	おにいちゃん
누나, 언니	あね	お姉さん	おねえちゃん
남동생	おとうと	弟さん	이름
여동생	いもうと	妹さん	이름
할아버지	そふ	おじいさん	おじいちゃん
할머니	そぼ	おばあさん	おばあちゃん
아이	こども	お子さん	
아들	むすこ	息子さん	이름
딸	むすめ	娘さん	이름
남편	しゅじん、おっと	ご主人	あなた
아내	つま、家内	おくさん、奥さま	おまえ, 이름

1. 다음 질문에 대해 보기와 같이 대답해 보시오.

| 보기 | あなたの おとうさんは おいくつですか。(55歳)
→ わたしの ちちは 55歳です。 |

1) あなたの おにいさんの 仕事は 何ですか。(会社員)

2) 金さんの おねえさんも 会社員ですか。(はい)

3) あなたの おこさんは おいくつですか。(6歳)

2. 다음 보기와 같이 물음에 답해 보시오.

| 보기 | 飛行機と 汽車と どちらが 速いですか。(飛行機)
→ 飛行機の ほうが 汽車より 速いです。 |

1) 金さんと　李さんと　どちらが
　　背（せい）が　高（たか）いですか。(李さん)

1) 背（せい）が　高い
　「키가 크다」

2) (ここは　ソウル)　大田と　釜山と
　　どちらが　遠（とお）いですか。(釜山)

2) 遠（とお）い
　「멀다」

3) 白頭山と　富士山（ふじさん）と　どちらが
　　高（たか）いですか。(富士山（ふじさん）)

3) 富士山（ふじさん）
　「후지산」

Exercise

3. 다음을 일본어로 옮기시오.

1) 田中^{たなか} 씨는 시험 준비로 바쁩니다.

2) 吉田^{よしだ} 씨는 한국어를 잘합니다.

3) 당신은 가족이 몇 명입니까?

3.

1) 시험
「試験(しけん)」

2) 잘하다
上手(じょうず)だ

3) 가족
家族(かぞく)

정답

1.
1) わたしの あには 会社員^{かいしゃいん}です。
2) はい、金さんの おねえさんも 会社員^{かいしゃいん}です。
3) わたしの 子^こは 6歳^{さい}[むっつ]です。

2.
1) 李さんの ほうが 金さんより 背^{せい}が 高^{たか}いです。
2) 釜山の ほうが 大田より 遠^{とお}いです。
3) 富士山^{ふじさん}の ほうが 白頭山より 高^{たか}いです。

3.
1) 田中^{たなか}さんは 試験^{しけん}の 準備^{じゅんび}で いそがしいです。
2) 吉田^{よしだ}さんは 韓国語^{かんこくご}が 上手^{じょうず}です。
3) あなたは 何人^{なんにん} 家族^{かぞく}ですか。

ラーメン : 라면

일본이 라면의 천국이라는 것은 이미 잘 알려진 사실이다. 전 세계의 라면을 한자리에 모아 건물 전체를 가득 채운 라면 박물관마저 있을 정도니 일본인들의 라면에 대한 애정과 열의가 어느 정도인가는 가히 짐작할 만하다. 그런데 일본의 **ラーメン屋**(라면 가게)에서 파는 **ラーメン**은 우리나라에서 흔히 볼 수 있는 인스턴트 라면과는 그 모양과 맛이 많이 다르다. 우선 일본의 **ラーメン**은 ─가게마다 약간의 차이는 있지만─ 면을 직접 손으로 쳐서 만든다(자장면 면발을 상상하시라. 물론 훨씬 가늘지만). 이렇게 해서 만든 생라면 한 덩어리를 쇠국자에 넣고 끓는 물에 중탕을 한다. 1~2분 정도 지나 면이 익으면 그것을 돼지뼈 삶은 국물에 말아 그 위에 삶은 숙주나물, 파 등을 얹은 다음 약간의 후춧가루를 뿌려준다(돼지의 누린내가 싫은 사람은 다진 마늘을 듬뿍 넣으면 된다). 그런 다음 그 위에 손바닥만한 돼지고기 편육을 한 점 올려놓아 푸짐함을 더한다.

이 **ラーメン**의 포인트는 국물맛인데, 돼지뼈를 푹 고아 만들었지만 의외로 담백하고 시원하다. 가격도 다른 음식에 비해 싸고 양도 아주 많아 주머니가 얄팍한 서민들의 사랑을 받기에 충분하다. 여기에 한국의 배추김치를 곁들이면 금상첨화! (일본인들도 인정한 환상의 맛. 그래서 일본에서는 김치를 구비하고 있는 **ラーメン屋**도 많이 찾아볼 수가 있다.)

맛도 모양도 다른 일본의 **ラーメン**. 늦은 귀가길, 동네어귀에 있는 허름한 **ラーメン屋**나 **屋台**(일종의 포장마차)에서 먹는 **ラーメン** 한 그릇! 하루의 피로가 싹 풀리는 것 같다.

part.11 私の 一日

나의 하루

○ ～時に 起きます。
～시에　일어납니다.

○ まず～　それから…
우선~　그리고 나서…

○ ～分ぐらい　かかります。
～분 정도　걸립니다.

○ ～に 会う
～를　만나다

私は 毎朝 7時に 起きます。
나는　매일 아침 7시에　일어납니다.

まず 体操を します。
우선　체조를　합니다.

それから 顔を 洗います。
그리고 나서　세수를　합니다.

7時 30分ごろ 朝ご飯を 食べます。
7시　반쯤　아침밥을　먹습니다.

朝ご飯は たいてい パンを 食べます。
아침밥은　대개　빵을　먹습니다.

そして　牛乳も　飲みます。
그리고　　우유도　　마십니다.

8時　20分に　家を　出ます。
8시　20분에　　집을　　나섭니다.

家から　会社までは　バスで　約　30分ぐらい
집에서　회사까지는　　　버스로　약　30분 정도

かかります。
걸립니다.

- **毎朝**(まいあさ)　매일 아침
- **起**(お)**きる**　일어나다
- **まず**　우선, 먼저
- **体操**(たいそう)　체조
- **それから**　그리고, 그러고 나서
- **顔**(かお)　얼굴
- **洗**(あら)**う**　씻다
- **30分**(さんじゅっぷん)　30분

- **ごろ**　~쯤, ~경
- **朝**(あさ)**ご飯**(はん)　아침밥
- **食**(た)**べる**　먹다
- **たいてい**　대개
- **パン**　빵
- **そして**　그리고, 그리하여
- **牛乳**(ぎゅうにゅう)　우유
- **飲**(の)**む**　마시다

- **20分**(にじゅっぷん)　20분
- **家**(いえ)　집
- **会社**(かいしゃ)　회사
- **出**(で)**る**　나가다
- **バス**　버스
- **約**(やく)　약, 대략
- **~ぐらい**　~정도
- **かかる**　걸리다

仕事は　9時から　始まります。
일은　　　9시부터　　　시작됩니다.

昼休みは　12時から　一時間です。
점심시간은　12시부터　　1시간 동안입니다.

昼ご飯は　いつも　お弁当を　食べます。
점심은　　　항상　　　도시락을　　　먹습니다.

仕事は　月曜日から　金曜日までは　午後　5時に
일은　　월요일부터　금요일까지는　　오후　5시에

終ります。
끝납니다.

土曜日と　日曜日は　休みですから　会社には
토요일과　　일요일은　휴무라　　　회사엘

行きません。
가지 않습니다.

仕事が　終ると、すぐ　家へ　帰る　時も
일이　　끝나면　　바로　집으로　돌아가는 때도

- 仕事(しごと)　일, 직업
- 始(はじ)まる　시작되다
- 昼休(ひるやすす)み　점심시간
- 時間(じかん)　시간
- 昼(ひる)ご飯(はん)　점심
- いつも　언제나, 항상
- お弁当(べんとう)　도시락
- 月曜日(げつようび)　월요일
- 金曜日(きんようび)　금요일
- 午後(ごご)　오후
- 終(おわ)る　끝나다, 끝내다
- 土曜日(どようび)　토요일

ありますが、　時時　友達に　会う　時も
있지만,　　　　때때로　친구를　　만나는　때도

あります。
있습니다.

夜は　11時ごろ　寝ます。
밤에는　11시쯤　　　잡니다.

その　前に　日記を　つけます。
그　　전에　일기를　쓰니다.

- すぐ　곧
- 帰(かえ)る　돌아가다, 돌아오다
- 時々(ときどき)　때때로
- 会(あ)う　만나다
- 夜(よる)　밤
- 11時(じゅういちじ)　11시
- 寝(ね)る　자다
- 日記(にっき)を　つける　일기를 쓰다

Grammar

1. 一日

'一日'을 읽는 방법은 두 가지가 있으며 음에 따라 뜻과 쓰임이 전혀 다르므로 정확히 구분해 두어야 한다.

一日 ┌ いちにち ― 하루
　　 └ ついたち ― 초하루

今日は　本当に　楽しい　一日でした。

(오늘은 정말로 즐거운 하루였습니다.)

今日は　4月　1日です。

(오늘은 4월 초하루입니다.)

一日의 발음
いちにち「하루(24시간)」
ついたち「1일(날짜)」

2. ～に

시간을 나타내는 격조사 'に'는 우리말의 '~에'에 해당한다. 단, 다음과 같은 단어에는 조사 'に'를 붙이지 않는다.

朝・昼・夜・午前・午後・きょう 등등

わたしは　毎朝　パンを　食べます。

(나는 매일 아침에 빵을 먹습니다.)

격조사
주로 체언에 붙어 그 체언이 문장 속에서 다른 말에 대하여 어떤 관계에 있는가를 나타내는 조사이다.

朝(あさ)「아침」
昼(ひる)「점심」
夜(よる)「저녁」
午前(ごぜん)「오전」
午後(ごご)「오후」

3. ころ와 くらい

'ころ'는 시간·때를 나타내는 말에 붙어 '그 무렵/~쯤/~경'의 뜻을 나타낸다.

夏休みは　いつごろですか。

(여름방학은 언제쯤입니까?)

子供のころ(어린 시절)

ころ와 くらい
ころ「~쯤, 경(시간·때)」
　ごろ라고도 함.
くらい「~정도(수량·기준)」ぐらい라고도 함.

'くらい'는 수량이나 기준을 나타내는 말에 이어져 '~정도'의 뜻이 된다.

学校まで 40分**ぐらい** かかります。

(학교까지 40분 정도 걸립니다.)

4. バス**で**

수단·방법을 나타내는 격조사 'で'는 '~으로'로 해석한다.

答えは 黒い ボールペン**で** 書きなさい。

(답은 검은 볼펜으로 쓰시오.)

5. 요일

月曜日	げつようび	월요일
火曜日	かようび	화요일
水曜日	すいようび	수요일
木曜日	もくようび	목요일
金曜日	きんようび	금요일
土曜日	どようび	토요일
日曜日	にちようび	일요일
何曜日	なんようび	무슨 요일

'ようび'를 줄여서 'よう'로 읽어도 상관없다. 즉, 월요일은 'げつよう', 화요일은 'かよう……'가 된다.

A : 今日は 何曜日ですか。

　　(오늘은 무슨 요일입니까?)

B : **水曜**です。

　　(수요일입니다.)

❀ **~で**

「~으로」 수단·방법을 나타내는 격조사.

答(こた)**え**

「답」

❀ **曜日**(ようび)

줄여서 '曜(よう)'라 읽기도 한다.

Grammar

6. ～と

여기서 쓰인 'と'는 조건·가정의 의미를 나타내는 접속사로서 앞에 오는 말의 종지형에 이어지며 '～하면'이라고 해석된다.

この 道を まっすぐ 行くと 銀行が あります。

(이 길을 곧바로 가면 은행이 있습니다.)

7. 조사 へ

'へ'의 원음은 [he]이나 방향을 나타내는 조사로 쓰일 때에 한하여 [e]로 발음한다. 우리말의 '～에/～으로'에 해당한다.

どこへ 行きますか。

(어디에 갑니까?)

8. ～に 会う

일본어 조사의 쓰임 중에는 한국어와 꼭 맞아 떨어지지 않는 경우가 종종 있다. 동사 '会う'의 경우도 그중 하나로 '会う'는 '～를 만나다'라는 뜻이지만, 이때 '～을'에 해당하는 조사는 'を'가 아닌 'に'를 사용하여야 한다.

日曜日には 時々 友達に 会います。

(일요일에는 때때로 친구를 만납니다.)

❀ ～と
「～하면」 조건·가정의 의미를 나타내는 접속사.

❀ 道(みち)
「길」

まっすぐ
「곧바로」

❀ ～へ
「～에, ～으로」 방향을 나타내는 조사.

❀ ～に 会(あ)う
「～를 만나다」 조사 'を'가 아닌 'に'를 쓰는 데 주의.

동 사

　　동사란 사물의 동작이나 움직임을 나타내는 말로서 쓰임에 따라 활용을 하는 활용어이다. 따라서 단순히 단어의 뜻만을 암기하는 데 그치지 말고 그 나름대로의 활용형태를 익혀야 한다. 학습영역이 넓어지다 보니 처음 일본어를 대하는 학습자들이 부딪치는 첫번째 고비가 되기도 한다. 그러나 조금 어렵더라도 이 동사 부분을 잘 이해하고 나면 그만큼 일본어에 대한 이해나 활용의 폭이 넓어짐을 느낄 것이다.

　　자! 좀더 힘을 내어 일본어 실력의 upgrade를 시도해 보자.

あ단	——	あ か さ た な は ま や ら わ が ざ だ ば ぱ
い단	——	い き し ち に ひ み 　 り 　 ぎ じ ぢ び ぴ
う단	——	う く す つ ぬ ふ む ゆ る 　 ぐ ず づ ぶ ぷ
え단	——	え け せ て ね へ め 　 れ 　 げ ぜ で べ ぺ
お단	——	お こ そ と の ほ も よ ろ を ご ぞ ど ぼ ぽ

1. 동사의 기본형(사전에 나오는 형태)은 어미가 모두 う단의 글자로 끝난다.

洗う・書く・話す・待つ・死ぬ・飛ぶ・読む・食べる…

(씻다・쓰다・말하다・기다리다・죽다・날다・읽다・먹다)

　　※단, う단의 글자 중 ふ・ぷ・ゆ로 끝나는 동사는 없다.

2. 동사는 기본형의 형태에 따라 크게 3종류로 나눈다.

　1) 1단동사 — 어미가 모두 'る'로 끝나며 'る' 앞에 い단 또는 え단의 글자가 오는 동사.

起きる・食べる・ねる・落ちる…

(일어나다・먹다・자다・떨어지다)

　2) 변격동사 — 불규칙적으로 활용을 하는 동사로 'する(하다), 来る(오다)' 두 가지뿐이다.

3) 5단동사 — 앞의 1), 2)를 제외한 모든 동사가 이에 속한다. 숫자상으로 제일 많다.

① 어미가 'る'를 제외한 う단의 글자로 끝난 동사

買う・飲む・書く・待つ・話す…

(사다 · 마시다 · 쓰다 · 기다리다 · 말하다)

② 어미가 'る'로 끝나도 'る' 앞의 글자가 い단이나 え단의 글자가 아닌 동사

乗る・始まる・取る・売る…

(타다 · 시작되다 · 잡다 · 팔다)

③ 예외 — 형태상으로는 1단동사에 속하지만 예외적으로 5단동사의 활용법칙을 따르는 동사들이 있다.

帰る・知る・入る・走る・要る・参る・切る…

(돌아가다 · 알다 · 들어가다 · 달리다 · 필요하다 · 가[오]다의 낮춤말 · 끊다)

※ 예외 5단동사는 형태상으로는 1단동사와 구별이 어렵고 그 숫자도 많지 않으므로 암기해 두는 것이 좋다.

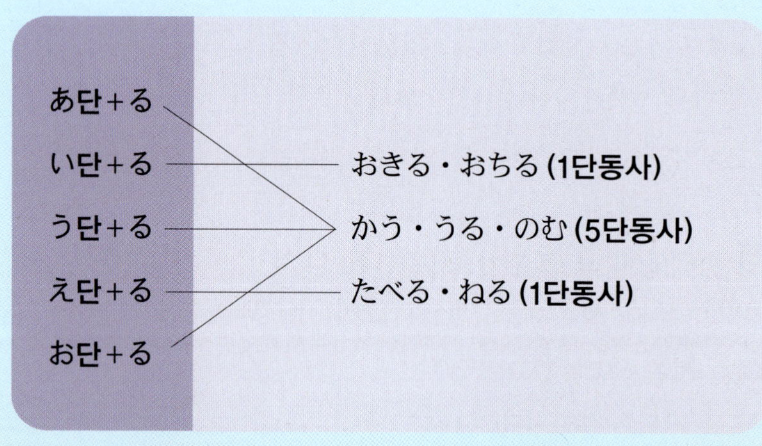

3. 동사는 어미활용을 한다.

동사활용은 분류에서 시작된다

1. 동사의 활용형 1 — ます형(~입니다)

동사에 ます를 붙여 활용하며 공손한 표현이 된다.

종류	활용 방법
1단동사 어미 'る'를 떼고 'ます'를 붙인다.	食べる → 食べます (먹습니다) ねる → ねます (잡니다) 起きる → 起きます (일어납니다) 落ちる → 落ちます (떨어집니다)
변격동사 불규칙 활용이므로 결과를 외운다.	する → します (합니다) 来る → 来ます (옵니다)
5단동사 어미를 い단으로 고치고 ます를 붙인다.	飲む → 飲みます (마십니다) 帰る → 帰ります (돌아갑니다) ある → あります (있습니다)

'ます'형의 부정형은 '～ません'이다.

たべます → たべません (먹지 않습니다)

します → しません (하지 않습니다)

来ます → 来ません (오지 않습니다)

飲みます → 飲みません (마시지 않습니다)

2. 동사의 활용형 2 — 연체형(뒤에 오는 명사를 수식한다)

연체형은 기본형과 같은 꼴이다.

ねる (자다) → ねる 時 (잘 때)

する (하다) → する 時 (할 때)

帰る (돌아가다) → 帰る 時 (돌아갈 때)

일본어 月 읽는 법

1. 月(がつ) : ~월(1월, 2월, 3월, 4월, ……12월)
2. 月(げつ) : ~개월(1개월, 2개월, ……12개월), 이번달, 다음달……
3. 月(つき) : 달(moon, 독립되어 한 글자로 쓰일 때)

1월	1月(いちがつ)	1개월	1カ月(いっかげつ)
2월	2月(にがつ)	2개월	2カ月(にかげつ)
3월	3月(さんがつ)	3개월	3カ月(さんかげつ)
4월	4月(しがつ)	4개월	4カ月(よんかげつ)
5월	5月(ごがつ)	5개월	5カ月(ごかげつ)
6월	6月(ろくがつ)	6개월	6カ月(ろっかげつ)
7월	7月(しちがつ)	7개월	7カ月(ななかげつ)
8월	8月(はちがつ)	8개월	8カ月(はっかげつ)
9월	9月(くがつ)	9개월	9カ月(きゅうかげつ)
10월	10月(じゅうがつ)	10개월	10カ月(じゅっかげつ)
11월	11月(じゅういちがつ)	11개월	11カ月(じゅういっかげつ)
12월	12月(じゅうにがつ)	12개월	12カ月(じゅうにかげつ)
몇 월	何月(なんがつ)	몇 개월	何か月(なんかげつ)

※ 1개월은 'ひとつき'라고도 읽는다.

月의 시제

先々月(せんせんげつ) 지지난달	来月(らいげつ) 다음달
先月(せんげつ) 지난달	再来月(さらいげつ) 다다음달
今月(こんげつ) 이번달	

四季(사계)
しき

春(はる) 봄	夏(なつ) 여름	秋(あき) 가을	冬(ふゆ) 겨울

Dialogue

1 しばらくでした。／おひさしぶりですね。

오래간만입니다. 오랜만이군요.

2 お元気ですか。／はい、げんきです。

건강하십니까?　　　네, 건강합니다.

> 앞에 붙는 'お'는 상대방에 대한 존경의 의미이므로 나의 안부를 전할 때는 반드시 'お'를 떼고 'げんきです。'라고 답해야 한다.

3 お変わり ありませんか。　별고 없으십니까?

4 おかげさまで。　덕분에(건강합니다／별고 없습니다).

5 あいかわらずですね。　변함 없으시군요.／여전하시군요.

1. 다음 보기와 같이 연습해 보시오.

| 보기 | 朝_{あさ}ご飯_{はん}は　パンを　食_たべる。
→　朝ご飯は　パンを　食べます。 |

1) 毎日_{まいにち}　部屋_{へや}を　そうじする。

2) 午後_{ごご}　5時_じに　帰_{かえ}る。

3) 学校_{がっこう}で　日本語_{にほんご}を　習_{なら}う。

4) 日曜日_{にちようび}は　早_{はや}く　起_おきる。

1.
1) そうじする
　「청소하다」

3) 習(なら)う
　「배우다」

Exercise

2. 다음의 그림을 보고 보기와 같이 물음에 답해 보자.

<table>
<tr><td>보기</td><td>何を　飲みますか。
→　コーヒーを　飲みます。</td><td></td></tr>
</table>

2.

2) 일기를 쓰다
「日記を　つける」

3) 버스를 타다
「バスで　行く」

1) 何時に　起きますか。

2) ねる　前に　何を　しますか。

3) 学校まで　何で　行きますか。

Exercise

3. 다음을 일본어로 옮기시오.

1) 학교까지는 버스로 15분 정도 걸립니다.

(バス　ぐらい　かかる)

2) 나는 매일 아침 신문을 봅니다. (毎朝　新聞　読む)

3) 바로 집으로 돌아갈 때도 있습니다. (すぐ　帰る　時)

1.　1) 毎日　部屋を　そうじします。　　2) 午後　5時に　帰ります。
　　　3) 学校で　日本語を　習います。　　4) 日曜日は　早く　起きます。

2.　1) 6時に　起きます。　　2) ねる　前に　日記を　つけます。
　　　3) 学校まで　バスで　行きます。

3.　1) 学校までは　バスで　15分ぐらい　かかります。

　　　2) 私は　毎朝　新聞を　読みます。

　　　3) すぐ　家へ　帰る　時も　あります。

한국의 보신탕, 일본의 馬刺(ばさし)

최근 들어 많이 줄어들긴 했지만 과거 한때 우리나라 사람들이 즐겨먹는 보신탕이 외국인들의 입에 '미개한 아시아 문화'의 하나로 오르내린 적이 있다. 열린 눈으로 세계의 다양한 문화를 바라보지 못하는 옹졸함에 지나지 않지만 어쨌든 각 나라마다 이방인의 눈에는 낯설기만 한 독특한 음식문화가 있기 마련이다.

그럼 일본은 과연 어떨까? 이웃나라 일본에서는 말(馬)고기를 즐겨 먹는다는 것을 알고 계시는지.

그중에서도 특히 '육회(말의 날고기를 회로 만든 요리)', 이른바 馬刺(ばさし)가 진미로서 식도락가들의 사랑을 받고 있다. 재미나게도 옛날 말고기 요리집 간판에는 소가 KO당해 누워 있고, 그 위에 말이 시합에서 이긴 권투선수처럼 앞발을 쳐들고 있는 그림이 그려져 있었다 한다. 그 뜻은 馬勝った(말이 이겼다)와 うまかった(맛있었다)의 음이 같은 것에 착안, 유머러스하게 표현한 것이다. 참으로 재미있고 위트있는 발상이 아닌가 싶다.

어쨌든 이렇게 일본인들이 즐기는 말고기가 우리나라 사람들 입장에서 보면 그 맛은 둘째치고 왠지 꺼림칙한 기분이 드는 것이 사실이다. 그러나 알아두어야 할 것은 일본에 장기 체류하고 있는 사람들은 대개가 본의 아니게 말고기를 먹고 있다는 것이다. 그것은 보통 슈퍼 등에서 팔고 있는 일반용 소시지에는 가격이 비교적 싼 생선, 토끼고기, 말고기 등이 들어 있기 때문이다. 햄 속에 들어 있는 고기의 맛을 가려내기란 거의 불가능 할 테니까. 그러나 어떤가? 알고 먹었든 모르고 먹었든 남다른 체험을 해보았다는 것이 더 중요하지 않을까? 맛이 있었다면 더욱 좋았겠지만 말이다.

トイレの 中を さがしましたか。

화장실 안을 찾아보았습니까?

point

○ ～が　ないんです。
　～가　없습니다.

○ **동사의 과거**

○ ～前に　～を　…ます。
　（마에）
　～전에　～을　…합니다.

○ ～てみます。
　～해 봅니다.

(사무실에서)

加藤（카토―）　あれ。
어머?

金（김）　どうしたんですか、加藤さん。（카토―）
왜 그래요,　　　　　　　　　가토우 씨?

加藤　さいふが　ないんです。　どうしよう…。
지갑이　　　없어요.　　　　어떡하지…….

金　えっ。さいふですか。
예?　지갑이요?

かばんの　中を　よく　さがしましたか。（나까）
가방　　안을　잘　찾아보았습니까?

加藤	ええ、でも　どこにも　ありません。
	네,　　하지만　아무데도　　　없어요.

金	今日　どこかへ　出かけましたか。
	오늘　　어딘가　　외출했었어요?

加藤	朝　　スーパーへ　行きました。
	아침에　슈퍼에　　　　갔었어요.

金	その　時　さいふは　ありましたか。
	그　　때　지갑은　　　있었나요?

加藤	ええ、ジュースを　一本　買いました。
	네,　　주스를　　　한 병　샀거든요.

- **あれ**　어머(감탄사)
- **さいふ**　지갑
- **さがす**　찾다
- **出(で)かける**　나가다, 외출하다
- **朝(あさ)**　아침
- **どこかへ**　어딘가
- **スーパー**　슈퍼(super market의 일본식 표기)
- **ジュース**　주스(juice의 일본식 표기)
- **一本(いっぽん)**　한 병
- **買(か)う**　사다

| 金 | それから　どこへ　行^이きましたか。 |

金　それから　どこへ　行きましたか。
그리고 나서　어디에　갔었죠?

加藤　本屋に　寄りました。
책방에　들렀어요.

金　何か　買いましたか。
뭔가를　샀습니까?

加藤　いいえ、何も　買いませんでした。
아니요,　아무것도　사지 않았어요.

でも　その　時　さいふは　ありました。
하지만　그　때　지갑은　있었어요.

金　そうですか、その　後は　どう　しましたか。
그래요?　그　후에는　어떻게　했습니까?

加藤　うーん、すぐ　事務室に　もどりました。
음―,　바로　사무실로　돌아왔습니다.

あ、その　前に　トイレへ　行きました。
아,　그　전에　화장실에　갔었어요.

そこで　手を　洗いました。それから…。
거기서　손을　씻었습니다.　그리고 나서…….

- 本屋（ほんや）책가게
- 寄（よ）る 들르다
- 後（あと）후, 뒤
- すぐ 곧, 금방
- 事務室（じむしつ）사무실
- もどる 되돌아오다

金   じゃ、トイレの 中(なか)は さがしましたか。
그럼,   화장실   안은   찾아보았습니까?

加藤   いいえ、まだです。
아니요,   아직요.

いま すぐ 行(い)ってみます。
지금   바로   가 보겠습니다.

- **トイレ** 화장실(toilet 의 일본식 표기)
- **手(て)** 손
- **洗(あら)う** 씻다
- **行(い)ってみる** 가 보다

Grammar

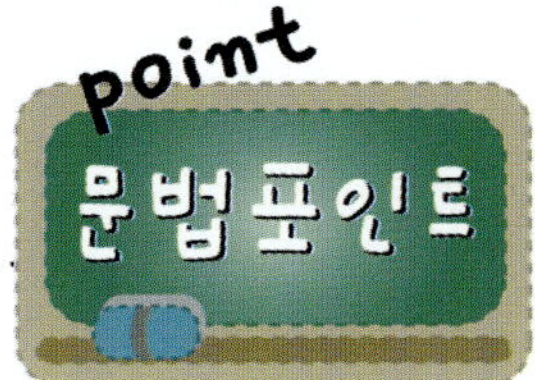

1. どうしたんですか。

우리말 표현의 '왜 그래요?/어떻게 되었습니까?'에 해당한다.
즉 다른 사람의 일에 관심을 보일 때 쓸 수 있는 표현이다.

A : 中村さん　どうしたんですか。

（나카무라 씨 왜 그래요?）

B : あたまが　ちょっと　いたいんです。

（머리가 좀 아파서요.）

2. どうしよう。

무언가 곤경에 처했을 때 혼잣말처럼 중얼거리는 '어떡하지?'
라는 표현이다. 주로 여성들이 쓴다.

3. ～ました

동사 'ます'형의 과거형이다. '～했습니다'로 해석하며 과거의
부정표현은 '～ませんでした(～하지 않았습니다)'가 된다.

	긍정	부정
현재	行きます	行きません
과거	行きました	行きませんでした

의문형은 문장 맨 끝에 의문형 종조사 か를 붙여 표현한다.

A : 今朝　何時に　起きましたか。

（오늘 아침 몇 시에 일어났습니까?）

B : 6時　半に　起きました。

（6시 반에 일어났습니다.）

❋ **どうしたんですか。**
「왜 그래요?/어떻게 되었습니까?」

❋ **どうしよう。**
「어떡하지?」 무언가 곤경에 처했을 때 하는 말이다.

❋ **～ます。**
의문 : ～ますか。
부정 : ～ません。
과거 : ～ました。
과거의문 : ～ましたか。
과거부정 : ～ませんでした。

今日(きょう)は 学校(がっこう)へ 行(い)き**ませんでしたか**。

(오늘 학교에 가지 않았습니까?)

4. 〜前に

우리말 표현은 '〜하기 전에'이다. '명사+の+前に/동사 연체형+前に'의 형태로 활용한다. 반대말은 '〜 後で(〜한 후에)'이다.

食事(しょくじ)の **前(まえ)に** 手(て)を 洗(あら)います。

(식사 전에 손을 씻습니다.)

ねる **前(まえ)に** 日記(にっき)を つけます。

(자기 전에 일기를 씁니다.)

食事(しょくじ)の **後(あと)で** 散歩(さんぽ)を します。

(식사 후에 산책을 합니다.)

> **〜前(まえ)に**
> 「〜(하기) 전에」
> ↔ 〜後(あと)で
> 「〜(한) 후에」

5. 行って**みる**

우리말 표현은 '(시험삼아)가 보다'라는 의미로 5단동사 '行く'에 'てみる'가 접속된 형태이다. '〜てみる'는 '〜해 보다'의 의미로 쓰인 보조동사로, 항상 히라가나로 표기한다. て형에 대해서는 뒤에서 좀더 학습하기로 하자.

食(た)べ**てみる** (먹어 보다)

着(き)**てみる** (입어 보다)

> **〜てみる**
> 「〜해 보다」

날짜 읽기

日曜日	月曜日	火曜日	水曜日	木曜日	金曜日	土曜日
	1日 ついたち	2日 ふつか	3日 みっか	4日 よっか	5日 いつか	6日 むいか
7日 なのか	8日 ようか	9日 ここのか	10日 とおか	11日 じゅういちにち	12日 じゅうににち	13日 じゅうさんにち
14日 じゅうよっか	15日 じゅうごにち	16日 じゅうろくにち	17日 じゅうしちにち	18日 じゅうはちにち	19日 じゅうくにち	20日 はつか
21日 にじゅういちにち	22日 にじゅうににち	23日 にじゅうさんにち	24日 にじゅうよっか	25日 にじゅうごにち	26日 にじゅうろくにち	27日 にじゅうしちにち
28日 にじゅうはちにち	29日 にじゅうくにち	30日 さんじゅうにち	31日 さんじゅういちにち	何日 なんにち		

週・年의 시제

先々週(せんせんしゅう) 지지난주 先週(せんしゅう) 지난주 今週(こんしゅう) 이번주	来週(らいしゅう) 다음주 再来週(さらいしゅう) 다다음주

一昨年(おととし) 재작년 去年(きょねん) 작년 今年(ことし) 금년	来年(らいねん) 내년 再来年(さらいねん) 내후년

1. 다음 그림을 보고 보기와 같이 물음에 답해 보시오.

| 보기 | どこへ 行^いきましたか。
→ デパートへ 行きました。 |

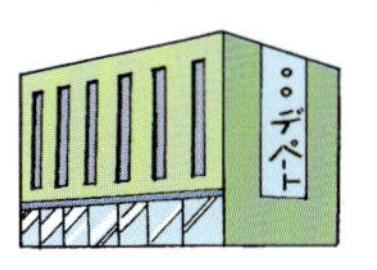

1) 何^{なに}を 買^かいましたか。

2) 何^{なに}を 書^かきましたか。

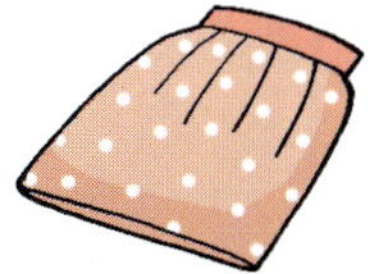

3) 帰^{かえ}りに どこに 寄^よりましたか。

1.

1) 스커트
「スカート」

2) 편지
「てがみ」

3) 들르다
「寄(よ)る」

꽃가게
「花屋(はなや)」

2. 다음 달력을 보고 보기와 같이 답해 보시오.

| 보기 | → みっか、すいようび |

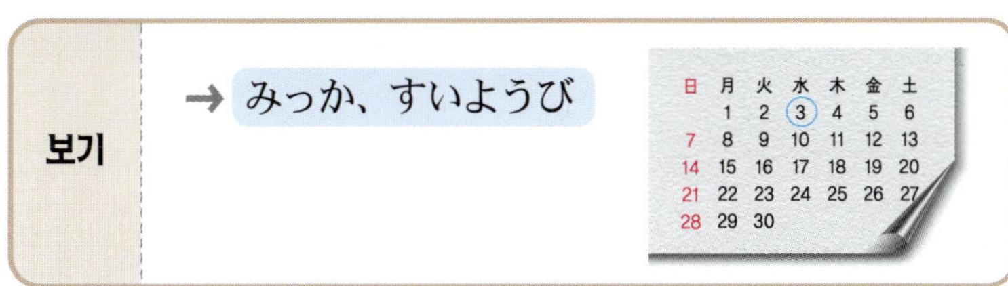

1)

2)

3)

Exercise

3. 다음을 일본어로 옮기시오.

1) 오늘 어딘가 외출했었습니까?

2) 아무것도 사지 않았습니다.

3) 지금 곧 가 보겠습니다.

Tip

3.
1) 어딘가
　「どこかへ」

2) 아무것도
　「何も」

3) 곧
　「すぐ」

정답

1.
　1) スカートを　買いました。
　2) 手紙を　書きました。
　3) 帰りに　トトロ花屋に　寄りました。

2.
　1) じゅうよっか、かようび
　2) じゅうしちにち、にちようび
　3) はつか、どようび

3.
　1) 今日　どこかへ　出かけましたか。
　2) 何も　買いませんでした。
　3) 今　すぐ　行ってみます。

일본의 젓가락 문화?

일본사람들이 밥은 물론이거니와 '<ruby>みそしる<rt>미소시루</rt></ruby>(맑은 된장국)' 같은 국물이 있는 요리조차 젓가락만을 사용하여 먹는다는 식생활 습관은 이미 잘 알려진 사실이다. 즉 그릇의 위아래를 왼손의 엄지와 나머지 네 손가락으로 나누어 잡아 들고 그릇의 가장자리에 입을 댄 채 젓가락으로 음식을 긁어넣듯이 먹는 것인데, 그래서인지 일본인들이 한국을 방문하여 함께 식사를 하게 되는 경우에도 젓가락질 등 한국 식탁에 무난히 적응을 하는 편이지만 닮은 듯하면서도 다른 것이 한국과 일본의 문화.

그럼 '젓가락 문화'로 통하는 일본의 식탁에서 터부시하는 행동에는 무엇이 있을까? 첫째, 젓가락으로 음식을 주고받아서는 안된다는 것. 이는 죽은 이를 화장(火葬)하고 납골을 하기 위해 유골을 추스릴 때 두 사람이 젓가락으로 뼈를 함께 맞잡고 납골단지에 넣는 풍습이 있기 때문이다. 둘째, 밥에 젓가락을 꽂아 세워두지 않는다. 이것은 우리나라에서 제삿밥에 수저를 꽂아 놓듯이 일본에서도 젓가락을 꽂아 세워두기 때문이다. 즉, 고인(故人)의 밥이라는 의미가 되는 셈이다. 이밖에도 음식을 젓가락으로 창을 꽂듯 찍어서 먹으면 안되며, 식탁에 팔을 괴고 먹으면 안된다는 것 등이 있다. 알아두면 유익한 정보!

きのうは 花見に 行きました。

어제는 꽃구경을 갔습니다.

Point

○ます형＋に 行きました。
　　　　　　　　이
　　～하러　갔습니다.

○접속조사　～ので
　　　　～이기 때문에

○～し、～し
　　～하고, ～하고

○まさか　～でしょう。
　설마　　　～겠지요.

中村 (나카무라)
おはよう！
안녕하세요?

良子 (요시 꼬)
あ、中村さん おはようございます。
아,　나카무라 씨　안녕하세요?

中村
きょうは 本当に いい天気ですね。
　　　　　　혼 또ー　　　　텡 끼
오늘은　　정말　　날씨가 좋군요.

良子
ええ、そうですね。
네,　　그렇네요.

中村
きのうは 何を しましたか。
　　　　　나니
어제는　　무얼　했습니까?

148

良子　え、きのうですか。きのうは　日曜日^{니찌요—}なので^비
아,　어제요?　　어제는　　일요일이기도 하고 해서

近^{치카}くの　公園^{코—엥}へ　花見^{하나 미}に　行^이きました。
가까운　공원에　벚꽃 구경을 갔었어요.

中村　あ、そうですか。どうでしたか、よかったでしょう。
아,　그래요?　어땠어요?　좋았겠지요?

良子　ええ、公園^{코— 엥}までは　地下鉄^{치 카 테츠}で　行^이きましたが、
네,　공원까지는　지하철로　갔는데,

地下鉄^{치 카 테츠}の　中^{나까}は　人^{히또}で　いっぱいでした。
지하철　안은　사람으로 붐볐어요.

새단어

- おはよう（ございます）　안녕하세요(아침인사)
- 本当（ほんとう）に　정말이지, 실로
- 天気（てんき）　날씨
- きのう　어제
- 公園（こうえん）　공원
- 花見（はなみ）　꽃구경(보통 벚꽃 구경을 가리킴)
- 地下鉄（ちかてつ）　지하철
- いっぱいだ　가득 차다

でも　天気も　よかったし、
하지만　날씨도　　좋았고,

さくらの花も　きれいだったし、お弁当も
벗꽃들도　　　　　아름다웠고,　　　　도시락도

おいしかったので　本当に　楽しい　一日でした。
맛있어서　　　　　정말　　즐거운　하루였어요.

中村　　それは　よかったですね。
그거 정말　좋았겠군요.

ところで　良子さん、だれと　行きましたか。
그런데　　요시꼬 씨,　누구랑　갔던 거에요.

まさか　ボーイフレンドじゃ　ないでしょう。
설마　　남자친구는　　　　　아니겠지요?

良子　　それは　秘密です。
그건　　비밀이에요.

中村　　あ、そうですか…。
아,　그래요…….

- さくらの花(はな)　벗꽃
- きれいだ　아름답다
- おいしい　맛있다
- 楽(たの)しい　즐겁다
- 一日(いちにち)　하루
- ところで　그런데
- まさか　설마
- ボーイフレンド　남자친구
- 秘密(ひみつ)　비밀

Grammar

1. 花見に 行きました

'꽃구경을 갔습니다'라는 뜻으로 'に'는 목적을 나타내는 조사로 쓰였고, 그러기 위해서는 'に' 앞뒤에 조건이 필요하다.

> • 동사의 **ます형**
> • 동작성 명사(買物、散歩…) +に+ 왕래발착동사(行く、来る…)

여기에서 쓰인 조사 'に'는 장소나 시간을 나타내는 조사가 아니라 '~하러'라는 목적을 나타내고 있다.

コーヒーでも 飲みに 行きませんか。

(커피라도 마시러 가지 않겠어요?)

買い物に 出かけます。

(쇼핑하러 외출합니다.)

* ~に
「~하러」 목적을 나타냄.

2. いい 天気ですね。

우리말 표현의 '날씨가 좋군요'에 해당하는 말이다. 이때 우리말과 다른 것은 날씨에 관한 표현에 있어서 우리말에서 흔히 쓰이듯이 '날씨가 춥다(天気が さむい)'라거나 '날씨가 덥다(天気が あつい)'라는 표현은 쓰지 않는다는 것이다. '天気'와 관련된 표현은 'いい/わるい'를 써서 '좋다/나쁘다'로 표현하고, '춥다/덥다'는 그저 'さむいですね/あついですね'라고 한다.

きょうは さむいですね。

(오늘은 좀 춥군요.)

きょうは 天気が わるいですね。

(오늘은 날씨가 좋지 않군요.)

* 天気(てんき)が いい
「날씨가 좋다」
↔ 天気が わるい
「날씨가 나쁘다」

Grammar

3. ～でしょう

'～입니다'에 해당하는 'です'의 활용형이다. 우리말 표현은 '～일 겁니다/～이겠지요?' 하는 추측의 표현이므로 끝을 살짝 올려 읽는다.

あの　人は　学生でしょう。

(저 사람은 학생이겠지요?)

4. ～ので

접속조사로서 '～때문에, ～이어서' 등 이유·원인 등을 나타낸다. 앞서 배운 '～から'보다는 객관적으로 이유를 설명하려는 완곡한 표현이 된다. 앞에 오는 말의 연체형에 접속된다.

- 명사 + なので
- 동사(연체형) + ので
- い형용사/な형용사 + ので
- 과거조동사 ～た + ので

きょうは　日曜日なので　学校へは　行きません。

(오늘은 일요일이기 때문에 학교에는 가지 않습니다.)

きょうは　体の　具合が　悪いから　家で　休みます。

(오늘은 몸이 안 좋아서 집에서 쉬겠습니다.)

5. ～し、～し

접속조사 'し'는 비슷한 사항을 둘 이상 예로 들어 강조하거나 원인·이유 등을 열거할 때 사용한다. 회화체에 많이 쓰이며, 앞에 오는 말의 종지형에 연결하고 '～です/ます'형에도 이어진다.

雪も　降るし、風も　吹くし…

(눈도 내리고 바람도 불고…) ← 즉, 눈도 내리는 데다가 바람까지 분다.

金さん、英語も　できますし、日本語も　上手ですし…うらやましいですね。

(김씨, 영어도 할 수 있고, 일본어도 할 수 있고… 부럽네요.)

● うらやましい
「부럽다」

6. ところで

화제를 바꾸고자 할 때 쓰는 접속사로 '그런데'라고 해석한다.

ところで、おとうさんは　お元気ですか。

(그런데 아버님은 건강하십니까?)

● ところで
「그런데」 화제를 바꾸고자
할 때 쓰는 접속사.

7. まさか～

보통 뒤에 부정·추측 표현을 수반하여 가정의 뜻을 나타낸다. 본문에서는 '～でしょう'와 호응한다. '설마 ~겠지요?'의 의미로 쓰였다.

まさか　君では　ないでしょう。

(설마 자네는 아니겠지?)

● まさか　～でしょう。
「설마 ~겠지요?」

과거시제

1. '〜です／〜ます'형의 과거형은 각각 '〜でした／〜ました'로 표현한다.

   ここは 昔 学校でした。
   (이곳은 옛날에 학교였습니다.)
   きのうは 海へ 行きました。
   (어제는 바다에 갔었습니다.)

2. い형용사의 과거형

   い형용사의 과거형은 어미 'い'를 'かっ'으로 고치고 과거의 조동사 'た'를 붙여 만든다. 또 정중체 '〜いです'의 과거형은 '〜かったです'이다. 자칫 '〜でした'로 표현하지 않도록 주의해야 한다.

시제	보통체	정중체
현재	さむい(춥다)	さむいです(춥습니다)
부정	さむく ない(춥지 않다)	さむく ないです(춥지 않습니다) ＝さむく ありません
과거	さむかった(추웠다)	さむかったです(추웠습니다)
과거부정	さむく なかった(춥지 않았다) ※さむいでした(×) さむくないでした(×)	さむく なかったです(춥지 않았습니다) ＝さむく ありませんでした

   일본어의 '좋다'라는 뜻의 형용사에는 いい와 よい 두 가지가 있는데, いい는 전혀 어형변화를 하지 않고 어미를 변화시켜야 할 경우에는 よい를 써서 변화시킨다.

   いいです(좋습니다)　　　いい もの(좋은 물건)
   よく ない(좋지 않다)　　　よかった(좋았다, 다행이다)

3. な형용사의 과거형

'だ'로 끝나는 기본형을 가진 な형용사의 과거형은 어미 'だ'를 'だっ'으로 고치고 과거 조동사 'た'를 붙인다. 또 정중체의 과거형은 조동사 'です'의 과거형처럼 '〜でした'의 형태로 만든다.('〜だったです'의 형태는 사용하는 예가 드물다.)

시제	보통체	정중체
현재	げんきだ(건강하다)	げんきです(건강합니다)
부정	げんきでは ない (건강하지 않다)	げんきでは ありません =げんきでは ないです (건강하지 않습니다)
과거	げんきだった (건강했다)	げんきでした (건강했습니다)
과거부정	げんきでは なかった (건강하지 않았다)	げんきでは ありませんでした =げんきでは なかったです (건강하지 않았습니다)

4. 명사 + だ

단정의 조동사 'だ'를 'だった'로 고쳐 만든다.

시제	보통체	정중체
현재	〜だ(〜이다)	〜です(〜입니다)
현재부정	〜では ない(〜이지 않다)	〜では ありません(〜이지 않습니다) =〜では ないです
과거	〜だった(〜이었다)	〜でした(〜이었습니다)
과거부정	〜では なかった (〜이지 않았다) ※〜では ないでした(×)	〜では ありませんでした =〜では なかったです (〜이지 않았습니다)

天気予報 일기예보

快晴(かいせい) 쾌청

晴(はれ) 맑음

晴のち曇り(はれのちくもり)
맑은 뒤 흐림

雲り(くもり) 흐림

霧(きり) 안개

雨(あめ) 비

雪(ゆき) 눈

方位 방위

北(きた)
북

西(にし)
서

東(ひがし)
동

南(みなみ)
남

Dialogue

1. いってきます。／いってまいります。(더 공손한 표현)

   다녀오겠습니다.

2. いって いらっしゃい。　다녀오세요.

> 'いってらっしゃい'
> 로 발음되는 경우가
> 많다.

3. ただいま。　다녀왔습니다.

4. お帰りなさい。　어서 오세요.(맞이할 때)

1. 다음 보기와 같이 물음에 답해 보시오.

보기	朝_{あさ}ご飯_{はん}は　おいしかったですか。 (まずい) → いいえ、おいしくなかったです。まずかったです。

1) 昨日_{きのう}は　暑_{あつ}かったですか。　(涼_{すず}しい)

2) 旅行_{りょこう}は　どうでしたか。 (楽_{たの}しい)

3) スキーが　上手_{じょうず}でしたか。　(下手_{へた}だ)

4) 部屋_{へや}は　きれいでしたか。　(きたない)

1.
まずい
「맛없다」

1) 涼(すず)しい
「시원하다」

2) 旅行(りょこう)
「여행」
どうでしたか
「어땠습니까?」

3) スキー
「스키」

4) きたない
「지저분하다」

2. 다음 보기와 같이 두 문장을 한 문장으로 만들어 보시오. 

<table>
<tr><td>보기</td><td>この 店は 親切です。お客さんが 多いです。
→ この 店は 親切なので、お客さんが 多いです。</td></tr>
</table>

2.
お客(きゃく)さん
「손님」

1) 人気(にんき)
「인기」

2) 強(つよ)い
「강하다」
閉(し)める
「닫다」

3) 用事(ようじ)
「용건」

1) 韓国の キムチは おいしいです。外国人にも 人気が あります。

2) 風が 強いです。窓を 閉めました。

3) きょうは 日曜日ですが、用事が あります。会社に 行きます。

159

Exercise

3. 다음을 일본어로 옮기시오.

1) 어제는 양복을 사러 백화점에 갔었습니다.

（洋服　買う　～に 行く）

2) 날씨도 좋았고, 꽃도 아름다웠고, 도시락도 정말 맛있었습니다.

3) 설마 스즈키 씨는 아니겠지요?

3.

1) 양복
「洋服(ようふく)」

2) 도시락
「お弁当(べんとう)」

3) 설마
「まさか」

정답

1.
1）いいえ、暑くなかったです。涼しかったです。
2）旅行は　楽しかったです。
3）いいえ、上手では　ありませんでした。下手でした。
4）いいえ、きれいでは　ありませんでした。きたなかったです。

2.
1）韓国の　キムチは　おいしいので、外国人にも　人気が　あります。
2）風が　強いので、窓を　閉めました。
3）きょうは　日曜日ですが、用事が　あるので、会社に　行きます。

3.
1）昨日は　洋服を　買いに　デパートへ　行きました。
2）天気も　よかったし、花も　きれいだったし、お弁当も　本当に　おいしかったです。
3）まさか　鈴木さんじゃないでしょう。

温泉(おんせん) : 온천

　　화산이 많은 일본에는 셀 수 없을 정도로 많은 온천이 있다. 온천욕은 온천수의 성분에 따라 효능은 다르지만 신경통이나 류머티즘·피부병·위장병 등에 효과가 있다 하여 예로부터 병의 치료에 많이 이용되어 왔으나, 최근에는 좋은 경치와 어우러지는 호화스런 현대 시설을 구비해 놓고 병의 치료보다는 레저나 휴양을 위한 장소로서 젊은이들이나 관광객들을 손짓해 부르는 온천여관들이 늘고 있다. 일본의 온천을 마음껏 즐기는 방법 중 하나가 바로 이 온천여관에 묵는 것, 그것도 노천탕(路天風呂)— 노천탕은 자연경관을 살려 야외에 만든 탕이다—이 있는 곳이라면 온천욕과 더불어 우리나라와는 또다른 일본의 아름다운 자연을 한껏 즐길 수 있다. 호텔과는 달리 畳가 깔린 일본가옥에서 하룻밤을 묵으며 느끼는 정취 또한 놓쳐서는 안될 부분이다.

　　일본의 이름난 온천 관광지 몇 군데를 소개해 본다면, 九州의 別府온천—'地獄めぐり(지옥 순회)'가 유명하다. 지하 수백 미터 아래에서부터 끓어오르는 뜨거운 열탕과 증기가 마치 지옥을 연상시킨다 하여 '지옥 온천'이라 이름붙인 9군데의 온천을 순회하는 코스를 말한다. 대표적인 것이 海地獄와 '血の池地獄'인데, 가장 규모가 크고 물빛이 옥빛을 띠었다고 하여 海地獄—바다지옥', 물 속에 철분이 많아 붉은 색을 띠었다고 하여 일명 '피지옥'이라 이름붙인 것이다. 다음은 도쿄에서 비교적 가까운 거리의 箱根온천, 명가락 명창에 맞춰 긴 판자로 물을 치는 '湯もみ踊り'로 유명한 草津온천 등이 일본 온천의 대명사로 불리운다. 자! 화산의 나라 일본을 꼭 한번 느껴보시라!!

ノルバンへ 行った ことが ありますか。

노래방에 가본 적이 있습니까?

point

○〜の 後で
〜한 후에

○〜た ことが あります。
〜한 적이 있습니다.

○〜と 思います。
〜라고 생각합니다.

○〜と いうのは
〜라고 하는 것은

○〜の ことです。
〜라고 하는 것입니다.

金 （김）
良子さん、きょう 仕事の 後、何か
요시코 씨, 오늘 퇴근 후에 무언가 (계획이)

ありますか。
있습니까?

良子 （요시꼬）
いいえ、何も ありませんけど…。
아니요, 아무것도 없습니다만…….

金
では 一緒に ノレバンへ 行きませんか。
그림 함께 노래방에 가지 않을래요?

良子　　　ノレバンというのは　何^난ですか。
　　　　　노래방이라는 것이　　　　　무엇인데요?

金　　　え、一度^{이찌 도}も　行^잇った　こと　ありませんか。
　　　　　네?　한번도　가본　적이　없습니까?

良子　　　ええ、それに　聞^키いた　ことも　ないと　思^{오모}いますが。
　　　　　네,　게다가　들어본　적도　없는 것 같은데요.

새단어

- 何(なに)か　무언가
- 一緒(いっしょ)に　함께
- ノレバン　노래방
- 一度(いちど)　한번
- それに　게다가
- こと　일, 사건
- 思(おも)う　생각하다, 회상하다
- ～と 思(おも)います　～라고 생각합니다.

金　　あ、そうですか。
아,　　그래요?

良子さんは　韓国へ　来たばかりですからね。
요시코 씨는　　　한국에　　온 지 얼마 안되어서이군요.

ノレバンというのは　日本の　カラオケボックスの
노래방이라는 것은　　　일본의　　가라오케박스를

ことです。
말합니다.

良子　　あ、カラオケですか。
아,　　가라오케 말입니까?

日本では　友達と　一緒に　よく　行きましたが。
일본에서는　친구와　함께　자주　갔었어요.

金　　じゃ、どうですか。
그럼,　　어때요?

きょう　一度　行ってみましょうよ。
오늘　　한번　가 봅시다.

良子　　でも　わたし　韓国の　歌は　一度も　歌った
하지만　저는　한국　노래를　한번도　불러 본

새단어

- **ばかり**　막, 방금
- **カラオケ**　가라오케(空〈から〉
  +オーケストラ의 합성어)
- **よく**　곧잘, 자주
- **韓国(かんこく)**　한국
- **歌(うた)**　노래
- **歌(うた)う**　노래하다
- **ラジオ**　라디오
- **聞(き)く**　듣다

ことが　ありません。
적이　　　없는데요.

ラジオで　聞^キいた　ことは　たまに　ありますけど。
라디오에서　들은　　　적은　　　가끔　　　있지만…….

金　　　それは　だいじょうぶですよ。
　　　　그건　　　걱정없어요.

韓国^{캉 코꾸}の　歌^{우따}　以外^{이 가이}にも　ポップソングとか
한국　　　노래　외에도　　　팝송이라든지

ときには　日本^{니 혼}の　歌^{우따}が　ある　所^{도꼬로}も　ありますから。
때로는　　　일본　　　노래가　있는　곳도　　있으니까요.

- **たまに**　때때로, 가끔
- **だいじょうぶだ**　괜찮다, 걱정없다
- **以外**(いがい)　이외, 그밖
- **ポップソング**　팝송(pop song)
- **ときには**　때로는, 경우에 따라서는
- **日本**(にほん)　일본

165

Grammar

1. ～た ことが あります

과거의 경험 따위를 나타내는 문형이다. 우리말 표현은 '～한 적이 있습니다'로 동사의 た형에 접속된다. 부정표현은 '～た ことは ありません(～한 적은 없습니다)'라고 한다.

A：日本に 行った ことが ありますか。

　　(일본에 간 적이 있습니까?)

B：いいえ、まだ 一度も 行った ことは ありません。

　　(아니요, 아직 한번도 간 적은 없습니다.)

> ✿ ～た ことが ある
> 「～한 적이 있다」

2. 前に／後で

동작의 순서를 나열하고자 할 때 '前(まえ)'와 '後(あと)'를 활용할 수 있다. 즉, '～하기 전에'는 '～の前に', '～한 후에'는 '～の後で'이다. 이때 서로 다른 조사를 사용하는 점에 주의해야 한다.

食事の 後で 歯を みがきます。

(식사 후에 이를 닦습니다.)

食事の 前に 手を 洗います。

(식사하기 전에 손을 씻습니다.)

> ✿ ～の 後(あと)で
> 「～한 후에」
> ↔ ～の 前(まえ)に
> 「～하기 전에」

3. ～ませんか

'～ます'의 부정형 '～ません'에 의문형 종조사 'か'를 접속시킨 형태이다. 부정 의문문으로서 간접적으로 상대방에게 의견을 묻거나 권유할 때 쓰인다. 우리말 표현은 '～하지 않겠습니까?'이다.

> ✿ ～ませんか
> 「～하지 않겠습니까?」 부정 의문문

一緒に 散歩し**ませんか**。

(함께 산보하지 않겠습니까?)

4. ～と いうのは 何ですか
～と いうのは ～の ことです。

'～と いうの'는 우리말 표현의 '～라고 하는 것'에 해당한다. 처음 듣는 단어에 대한 의문이나 상대방의 말을 재차 확인하는 상황에 쓸 수 있다. '～というのは 何ですか(～라는 것은 무엇입니까?)'라는 질문에 대해 '～と いうのは ～の ことです(～라는 것은 ～를 말합니다)'의 형식으로 설명할 수 있다.

歌舞伎**と** いうのは 何ですか。

(가부키라는 것이 무엇입니까?)

歌舞伎**と** いうのは 日本の伝統芸術の ひとつ**の ことです**。

(가부키란 일본 전통예술 중의 하나를 말합니다.)

❋ ～と いうのは 何(なん)ですか。
「～라고 하는 것은 무엇입니까?」

❋ 伝統(でんとう)
「전통」

芸術(げいじゅつ)
「예술」

5. ～と 思いますが

'～라고 생각합니다만'의 뜻이다. 일본어 표현의 특징 중 하나라고 할 만큼 자주 쓰이는 표현으로 자신의 생각이나 의견을 간접적으로 나타내는 표현방식이다. 앞에 오는 말의 기본형에 접속되며 이때의 'と'는 '～라고'라는 인용의 뜻을 나타낸다.

こちらの ほうが きれいだ**と 思います**。

(이쪽이 더 예쁘다고 생각합니다.)

❋ ～と 思(おも)いますが
「～라고 생각합니다만」

6. ～た ばかり

우리말 표현의 '지금 막 ～한 참이다'라는 뜻으로 어떤 동작이나 행위가 지금 막 완료되었거나 또는 심리적으로 완료된 지 얼마 되지 않았음을 나타낸다. 동사의 た형에 접속된다. 본문에 쓰인 '韓国へ 来たばかりですから'는 바로 어제 도착했다기보다 한

❋ ～た ばかり
「지금 막 ～한 참이다」

국에 온 지 얼마 안되어 아직 익숙하지 않다는 의미로 쓰였다.

7. ～ましょうよ

동사 ます형의 활용형 'ましょう'는 '～합시다'라는 권유의 표현이다. 뒤에 종조사 'か'를 붙여 '～ましょうか'라고 하면 좀 더 정중한 표현이 된다. 여기서 표현된 '～ましょうよ'는 뒤에 가벼운 주장을 나타내는 종조사 'よ'가 접속되어 약간 조르는 듯한 느낌이 있다.

> さあ、飲み**ましょう**。
>
> (자 마십시다.)
>
> そろそろ　始め**ましょうか**。
>
> (슬슬 시작해 볼까요?)
>
> 夏休みに　なったら　みんなで　海へ　行き**ましょうよ**。
>
> (여름휴가가 되면 모두 바다에 갑시다.)

～ましょう
「～합시다」

～ましょうよ
「～해요, ～합시다」 약간 조르는 듯한 표현

～ましょうか
「～할까요?」 부드러운 표현

8. ～とか

'～とか'는 설명을 위해 몇 가지의 예를 들 때 사용하는 표현이다. 그러나 최근에는 회화체에서 전체적인 표현을 부드럽게 하기 위해 꼭 필요하지 않은 경우에라도 쓰이는 경우가 많다. 우리말 표현은 '～라든지/～든지'가 된다.

> A : 山本さんは　どんな　スポーツが　好きですか。
>
> (야마모토 씨는 어떤 스포츠를 좋아합니까?)
>
> B : いろいろ　あります。ピンポン**とか**　バスケットボール
> **とか**…
>
> (여러 가지가 있지요. 탁구라든지, 농구라든지……)

～とか
「～라든지, ～든지」

동사의 활용형 — 과거형(~た형)

동사의 과거형은 '과거(~했다)/완료(~한)'의 조동사 'た'에 접속시켜 만드는데 이를 동사의 た형이라고도 한다. 옛 일본어에서는 ます형과 た형의 형태가 같았지만 현대에 와서는 5단동사에 'た'가 접속될 때 발음의 편의상 음의 변화가 일어나게 되었다. 이것을 音便(음편)이라고 한다. 음편현상은 5단동사에만 있는데 이러한 현상은 'た'뿐만이 아니라 'て(~고/ ~서)', 'たり(~하기도 하고)'에 접속될 때도 적용된다.

1. 5단동사의 음편 현상 — 모두 3종류의 음편이 있는데 다음의 풀이를 통해 잘 이해해 보자.

   1) い음편 : 5단동사 중 어미가 'く・ぐ'로 끝나는 동사의 뒤에 'た・て・たり'가 이어질 때 어미 'く'나 'ぐ'가 'い'로 변화하는 것을 말한다.

   書く(쓰다)
   書きます(씁니다)
   書いた(썼다)　書いて(쓰고/써서)　書いたり(쓰기도 하고)

   泳ぐ(수영하다)
   泳ぎます(수영합니다)
   泳いだ(수영했다)　泳いで(수영하고/수영해서)　泳いだり(수영하기도 하고)

   ※ 'ぐ'에 있던 탁음이 'て'로 전해져 'で'가 되었다.

   2) っ음편 : 5단동사 중 어미가 'う・る・つ'로 끝나는 동사가 해당된다.

   買う(사다)
   買います(삽니다)
   買った(샀다)　買って(사고/사서)　買ったり(사기도 하고)

   帰る(돌아가다/돌아오다)
   帰ります(돌아갑니다/돌아옵니다)

帰った (돌아갔다/돌아왔다)

帰って (돌아가서/돌아와서)　帰ったり (돌아가기도 하고/돌아오기도 하고)

持つ (들다)

持ちます (듭니다)

持った (들었다)　持って (들고/들어서)　持ったり (들기도 하고)

5단동사의 음편 현상 중 유일한 **예외 '行く'**는 5단동사이고, 어미가 'く'로 끝났으므로 い음편에 속해야 하지만 예외적으로 っ음편이 적용된다.

行く (가다)

行きます (갑니다)

行った (갔다)　行って (가고/가서)　行ったり (가기도 하고)

3) **ん음편** : 5단동사 중 어미가 'ぬ・ぶ・む'로 끝나는 동사가 해당된다. 단, ん음편은 뒤에 오는 음이 탁음화된다.

死ぬ (죽다)

死にます (죽습니다)

死んだ (죽었다)　死んで (죽고/죽어서)　死んだり (죽기도 하고)

飛ぶ (날다)

飛びます (납니다)

飛んだ (날았다)　飛んで (날고/날아서)　飛んだり (날기도 하고)

飲む (마시다)

飲みます (마십니다)

飲んだ (마셨다)　飲んで (마시고/마셔서)　飲んだり (마시기도 하고)

2. 5단동사 중 어미가 'す'로 끝나는 동사와 1단동사, 변격동사는 'た・て・たり'형
에서 음편 현상이 일어나지 않고 ます형과 같은 꼴이 된다.

話す(이야기하다)

話します(이야기합니다)

話した(이야기했다)

話して(이야기하고/이야기해서)　話したり(이야기하기도 하고)

起きる(일어나다)

起きます(일어납니다)

起きた(일어났다)　起きて(일어나고/일어나서)　起きたり(일어나기도 하고)

寝る(자다)

寝ます(잡니다)

寝た(잤다)　寝て(자고/자서)　寝たり(자기도 하고)

する(하다)

します(합니다)

した(했다)　して(하고/해서)　したり(하기도 하고)

来る(오다)

来ます(옵니다)

来た(왔다)　来て(오고/와서)　来たり(오기도 하고)

　5단동사의 음편 현상은 동사 활용의 70% 이상을 좌우할 정도로 중요하고 활용폭
이 넓다. 처음부터 확실히 이해하고 적용해 보도록 하자!

관용어구 (1)

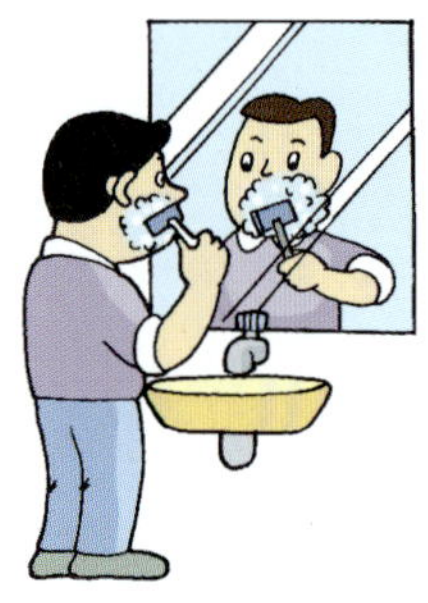

ひげを そる
면도하다

歯を 磨く
이를 닦다

めがねを かける
안경을 쓰다

ぼうしを かぶる
모자를 쓰다

顔を 洗う
세수를 하다

シャワーを 浴る
샤워를 하다

お風呂に 入る
목욕을 하다

シャンプーを する
머리감다

くつした・ストッキングを はく
양말·스타킹을 신다

スカート・ズボンを はく
치마·바지를 입다

服・ワンピースを 着る
옷·원피스를 입다

1. 다음 그림을 보고 보기와 같이 질문에 답해 보시오.

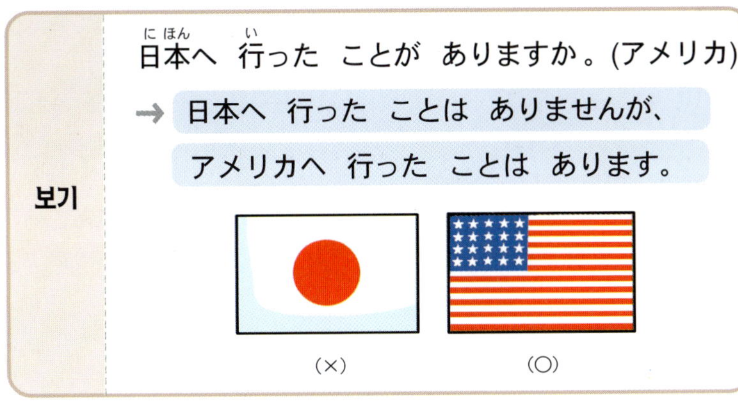

1.
1) そば
　「메밀국수」

2) 〜に 会う
　「〜를 만나다」

1) すしを 食べた ことが ありますか。(そば)

2) 北口さんに 会った ことが ありますか。(中村さん)

173

3) スキーを　した　ことが　ありますか。（スケート）

（○）　　　　　（×）

4) コンピューターを　使<ruby>使<rt>つか</rt></ruby>った　ことが　ありますか。

（ワープロ）

（○）　　　　　（×）

5) 日本酒<ruby>日本酒<rt>にほんしゅ</rt></ruby>を　飲<ruby>飲<rt>の</rt></ruby>んだ　ことが　ありますか。（ビール）

（○）　　　　　（×）

---

3) スケート
　「스케이트」

4) 使(つか)う
　「사용하다」

　ワープロ
　「워드 프로세서」

5) 日本酒(にほんしゅ)
　「일본술, 정종」

　ビール
　「맥주」

　※ビル
　　「빌딩」

2. 다음을 보기와 같이 바꾸시오.

| 보기 | ここで 休^{やす}む。
→ ここで 休みましょう。 |

1) 日本語^{にほんご}で 話^{はな}す。

2) コーヒーを 飲^のみに 行^いく。

3) 一緒^{いっしょ}に 歌^{うた}う。

3. 다음을 일본어로 옮기시오.

1) 식사 후에 신문을 읽습니다. (〜の 後^{あと}で)

Tip

2.
3) 一緒(いっしょ)に
　「함께」

Tip

3.
1) 읽다
　「読(よ)む」

Exercise

2) 한국에 온 지 얼마 안됩니다. (〜た　ばかり)

3) 가부키란 것은 무엇입니까? (〜と　いうのは)

3) 가부키
「歌舞伎(かぶき)」

1.　1) すしを　食べた　ことは　ありませんが、そばを　食べた　ことは　あります。
　　2) 北口さんに　会った　ことは　ありませんが、中村さんに　会った　ことは　あります。
　　3) スキーを　した　ことは　ありませんが、スケートを　した　ことは　あります。
　　4) コンピューターを　使った　ことは　ありませんが、ワープロを　使った　ことは　あります。
　　5) 日本酒を　飲んだ　ことは　ありませんが、ビールを　飲んだ　ことは　あります。

2.　1) 日本語で　話しましょう。
　　2) コーヒーを　飲みに　行きましょう。
　　3) 一緒に　歌いましょう。

3.　1) 食事の　後で　新聞を　読みます。
　　2) 韓国に　来たばかりです。
　　3) 歌舞伎と　いうのは　なんですか。

일본의 목욕문화

태평양 연안에 위치한 섬나라 일본은 화산과 지진이 많아 자연재해로부터 자유로울 수 없는 반면, 독특한 자연풍광과 곳곳에 발달한 온천 등 자연으로부터 받은 천혜의 자원을 가지고 있다. 일찍부터 발달한 일본의 목욕문화는 이러한 자연지리적 조건 및 기후와 밀접한 관계가 있는데, 섬나라 일본의 여름은 습도가 높아 매우 무덥다. 따라서 낮동안 흘린 땀을 씻어낸 뒤의 청량감이 여름살이의 필수적인 요소가 되었겠고, 겨울 기온은 우리와 크게 다르지 않는 데 반해 우리나라의 온돌과 같은 난방장치가 없는 가옥구조이므로, 저녁식사 후 잠들기 전에 뜨거운 물에 몸을 담가 하루의 피로를 풀고 동시에 체온을 높혀 새벽녘까지 따뜻한 체온을 유지하도록 하는 기능을 담당한 것이 목욕이었던 셈이다.

이러한 배경을 생각해 본다면 우리와 일본사람들의 목욕습관은 다를 수밖에 없지 않을까?

먼저 일본인들은 목욕탕에서 때를 미는 습관이 없다. 일본인에게 있어서 목욕이란 그 배경에서 알아본 바와 같이 '몸의 더러움을 씻어낸다'보다는 '뜨거운 물에 몸을 담근다'는 의미가 크므로, (목욕하다의 관용표현이 'お風呂に 入る'였음을 상기하자) 탕 속에 들어가기 전에 비누로 몸을 깨끗이 씻고 탕 안으로 들어가는데, 이때 물 온도가 상당히 높으므로(대략 45~50°) 물 속에 너무 오랜 시간 있게 되면 현기증이 날 수도 있다. 탕에서 나오면 머리를 감는 정도로 목욕을 마무리 한다.

보통 일반 가정에서는 욕조에 물을 받아 온 가족이 돌아가며 같은 물에 몸을 담그는데, 물론 욕조에 들어가기 전 샤워를 하여 몸을 씻기 때문에 특별히 불결하다고 생각하지는 않는 것 같다. 보통은 가장인 아버지가 제일 먼저 사용하는데, 손님이 있을 경우엔 손님 먼저 사용할 수 있도록 배려하기도 한다. 또한, 욕조에 따로 보일러가 달려 있어 여러 사람이 사용하여도 물의 온도를 유지할 수도 있고, 한 번 쓴 물은 그대로 버리지 않고 세탁물로 쓰거나 화장실 청소 시에 사용한다고 하니 알뜰살뜰한 일본사람들의 생활상을 엿볼 수 있다.

使い方を　教えて　ください。

사용법을 가르쳐 주세요.

Point

○〜て　ください。
〜해　주세요.

○**동사의 ます형+たい**
〜하고 싶다

○**동사의 ます형+方**（가따）
〜하는 방법

○〜が　わかりません。
〜를　모르겠어요.

○〜しようと　思う（오모）
〜하려고　　하는

金（김）
良子さん、てつだいましょうか。（요시 꼬）
요시코 씨,　　좀 도와드릴까요?

良子（요시 꼬）
あ、すみません。
아,　고마워요.

これを　ちょっと　教えて　ください。（오시）
이것　　　좀　　　가르쳐　　주세요.

この　書類を　コピーしたいと　思いますが、（쇼 루이）（오모）
이　　서류들을　복사하고 싶은데,

178

コピー機の　使い方が　わからないので…
복사기　　　사용 방법을　모르겠어서요……

金　　　そうですか。　そんなに　むずかしく　ありません。
　　　　그래요?　　　　그렇게　　어렵지　　　　않아요.

使いやすいですよ。　まず　ふたを　開けて
쓰기 편해요.　　　　　먼저　　덮개를　　열고,

コピーする　書類を　ここに　置いて　ください。
복사할　　　서류를　여기에　놓으세요.

- **手伝(てつだ)う**　거들다, 도와주다
- **すみません**　죄송합니다, 고맙습니다
- **ちょっと**　조금, 좀
- **教(おし)える**　가르치다
- **～て　ください**　～해 주세요
- **使(つか)い方(かた)**　사용 방법(ます형+方 ; ～하는 방법)
- **書類(しょるい)**　서류
- **コピーする**　복사하다

- **コピー機(き)**　복사기
- **わかる**　알다
- **むずかしい**　어렵다
- **～やすい**　～하기 쉽다
- **まず**　먼저, 우선
- **ふた**　뚜껑, 덮개
- **ふたを　開(あ)ける**　뚜껑을 열다
- **置(お)く**　두다, 놓다

良子	これで　いいですか。
	이렇게 하면 됩니까?

金	あ、ちがいます。　コピーしようと　思^{오모}う　面^멩を
	아,　아니에요.　복사하고자　하는　면을

下^{시따}に　して　置^오いて　ください。
아래로　해서　놓아　주세요.

それから　ボタンを　押^오せば　いいです。
그리고 나서　버튼을　누르면　됩니다.

良子	どの　ボタンですか。
	어느　버튼이지요?

金	えーと　何^남枚^{마이}ですか。
	음 —　몇 장 복사합니까?

良子	5枚^{마이}ずつです。
	5장씩이요.

金	それでは　まず　5を　押^오して　それから
	그럼　먼저　5를　누르고　그리고

スタートの　ボタンを　押^오します。
시작　버튼을　누르면 됩니다.

- ちがう　다르다. 틀리다
- 面(めん)　면, 쪽
- 下(した)にする　밑으로 하다
- ボタン　단추, 버튼
- 押(お)す　누르다
- 枚(まい)　장(얇고 납작한 물건을 세는 조수사)
- 5枚(ごまい)　5장
- スタート　시작(start의 일본식 표기)

良子 先に　数字を　押してから　スタートですね。
먼저　숫자를　누르고 나서　시작 버튼이군요.

金 ええ、そうすれば　いいです。
네,　그렇게 하면　됩니다.

どうですか。簡単でしょう。
어때요?　간단하지요?

良子 そうですね、どうも　ありがとうございます。
그렇군요,　정말　고마워요.

金 いいえ、どういたしまして。
천만에요.

- **先(さき)に**　～전에, 앞서
- **数字(すうじ)**　숫자
- **～てから**　～하고 나서, ～한 후에
- **簡単(かんたん)だ**　간단하다
- **どういたしまして**　천만에요

181

Grammar

1. 使い方

'동사 ます형+方'의 형태로 '~하는 법'이라는 뜻이다.

読み方(읽는 법)

書き方(쓰는 법)

2. ～て

동사에 'て'가 이어지면 우리말 표현의 '~하고/~해서'의 뜻이 된다. 동사의 て형은 앞서 배운 과거의 た형과 같다.

よく 聞いて 答えます。

(잘 듣고 대답합니다.)

そうじを して 洗濯を します。

(청소를 하고 빨래를 합니다.)

3. ～て ください

동사의 て형은 여러 가지 표현을 활용하여 만들 수 있는데 '～て ください'도 그중 하나이다. 우리말 표현은 '~해 주십시오'로 상대방에게 무엇을 부탁할 때나 공손한 명령의 표현으로 쓸 수 있다. 더욱 정중한 표현은 부정형으로 하여 '～て ください ませんか'라고 한다.

窓を 開けて ください。

(창문을 열어주십시오.)

本を 読んで くださいませんか。

(책을 읽어주시지 않겠습니까?)

4. 手伝いましょうか。

우리말 표현의 '도와드릴까요?'라는 뜻으로 공손한 말이 된다.

A : ちょっと　手伝(てつだ)いましょうか。

　　　(좀 도와드릴까요?)

B : あ、すみません。おねがいします。

　　　(고맙습니다. 부탁합니다.)

🌸 手伝(てつだ)いましょう
　か。
「도와드릴까요?」

5. 〜たい

'たい'는 1인칭·2인칭 주어의 희망이나 소망을 나타내는 조동사로서 동사의 ます형에 접속되어 '〜하고 싶다'라고 해석된다. 'たい'는 조동사이지만 어미가 'い'로 끝났으므로 형용사 활용을 한다. 'たい' 앞에 오는 목적어는 조사 'が'와 'を'를 취하는데 어느 범위 안에서의 선택을 나타내거나 특별히 강조하는 바가 있을 때에는 'が'가 쓰인다.

あ、喉(のど)が 喝(かわ)いた。つめたい 水(みず)が 飲(の)みたいなあ。

(아, 목말라. 시원한 냉수가 마시고 싶은걸.)

金(キム)さん、何(なに)が 一番(いちばん) 食(た)べたいですか。

(김씨, 무엇을 제일 먹고 싶습니까?)

今(いま)は 何(なに)も 食(た)べたく ありません。

(지금은 아무것도 먹고 싶지 않습니다.)

2인칭의 희망표현은 주로 의문문의 형식을 취한다.

비교 3인칭의 희망표현은 'たい' 대신 'たがる'를 쓴다. 우리말 표현의 '〜하고 싶어하다'에 해당하며 이때 조사는 'を'를 취하고 주로 '〜たがっている'의 형태로 쓰인다. 'たい'와 마찬가지로 동사의 ます형에 접속된다.

李さんは 黒(くろ)い かばんを 買(か)いたがっています。(○)

(이씨는 검은색 가방을 사고 싶어합니다.)

🌸 〜たい
「〜하고 싶다」
○1·2인칭 주어의 희망을 나타내는 조동사로 동사의 ます형에 접속된다.
○어미가 'い'이므로 형용사 활용을 한다.
○3인칭의 희망을 나타낼 때는 조동사 'たがる'를 쓴다.

🌸 喉(のど)が 渴(かわ)く
「목이 마르다」

183

Grammar

李さんは　黒い　かばんを　**買いたいです**。（×）
（이씨는 검은색 가방을 사고 싶습니다.）

6. ～が　わかる

‘わかる’는 우리말의 ‘～을/를 알다’에 해당하는 표현으로 이때 쓰는 조사는 목적어에 붙는 ‘を’가 아니라 ‘が’라는 점에 유의해야 한다.

この　漢字の　書き方**が　わかりますか**。
（이 한자의 쓰는 법을 알겠습니까?）

7. ～やすい

‘동사 ます형+やすい’의 형태로 ‘～하기 쉽다/～하기 편하다’의 의미를 나타낸다. 반대되는 표현은 ‘동사 ます형+にくい (～하기 어렵다)’라고 한다.

この　かばんは　小さくて　持ち**やすい**ですね。
（이 가방은 작아서 들기가 쉽군요.）

この　ワープロは　ちょっと　使い**にくい**です。
（이 워드는 좀 사용하기가 까다로워요.）

8. ～しようと　思う

우리말 표현의 ‘～하려고 한다’에 해당하는 말로 동사의 의지형에 ‘～と 思う’가 접속된 형태이다. 즉, する동사의 의지형이 ‘しよう’인 셈이다.

わたしは　予習を　**しようと　思います**。
（나는 예습을 하려고 합니다.）

❋ **～が　わかる**
「～을/를 압니다」 앞에 오는 조사 ‘が’에 유의.

❋ **漢字(かんじ)**
「한자」

❋ **～やすい**
「～하기 쉽다, ～하기 편하다」
↔ ～にくい
　「～하기 어렵다」

❋ **～しようと　思う**
「～하려고 한다」

9. 조사 ば

- 순접의 가정, 조건을 나타낸다. 동사의 가정형을 만들 때도 사용하는데, 모든 동사의 어미를 え단으로 고치고 'ば'를 붙인다.

行く(가다) → 行けば(가면)

食べる(먹다) → 食べれば(먹으면)

する(하다) → すれば(하면)

くる(가다) → くれば(가면)

あした 雨が 降れば やめる ことに します。

(내일 비가 오면 그만두기로 하겠습니다.)

🌸 降る → 降れば

- 병렬의 뜻을 나타내며 앞뒤에 'も'가 있다.

本も あれば ノートも あります。

(책도 있는가 하면 노트도 있습니다.)

🌸 앞뒤에 'も'가 있으면 가정이 아니고 열거를 나타낸다.

ある → あれば

10. ～てから

우리말 표현의 '～하고 나서'에 해당한다. '～て'가 '～하고'의 뜻을 나타내는 데 비해 '～てから'는 전후 사실의 순서가 명확한 경우에 쓰인다. 동사의 て형에 접속된다.

家へ 帰ってから 何を しますか。

(집에 돌아가서는 무엇을 합니까?)

cf. わたしは 毎朝 コーヒーを 飲んで、新聞を 読みます。

(나는 매일 아침 커피를 마시고, 신문을 읽습니다.)

🌸 ～てから
「～하고 나서」 앞뒤 일의 순서가 명확하다.

동사의 의지형(よう형)

 '~해야지'라는 의지의 뜻을 나타내며 'う・よう'에 연결된다. (문맥에 따라서 추측이나 권유로도 쓰임)

1. 1단동사 — 어미 'る'를 지우고 'よう'를 붙인다.

   食る(먹다) → 食よう(먹겠다/먹겠지/먹자)

   起きる(일어나다) → 起きよう(일어나겠다/일어나겠지/일어나자)

2. 변격동사

   来る(오다) → こよう(오겠다/오겠지/오자)

   する(하다) → しよう(하겠다/하겠지/하자)

3. 5단동사 — 어미를 お단으로 고치고 'う'를 붙인다.

   書く(쓰다) → 書こう(쓰겠다/쓰겠지/쓰자)

   帰る(돌아가다) → 帰ろう(돌아가겠다/돌아가겠지/돌아가자)

   行く(가다) → 行こう(가겠다/가겠지/가자)

관용어구 (2)

バスに 乗る 버스를 타다

バスを 降りる 버스를 내리다

音が する 소리가 나다

日記を つける 일기를 쓰다

電話を かける 전화를 걸다

味が する 맛이 나다

においが する 냄새가 나다

雨が 降る 비가 내리다

雨が 上がる 비가 그치다

Dialogue

1 ごめんください。　　実례합니다./계십니까? ← 현관 밖에서

しつれいします。／おじゃまします。
　　실례합니다. ← 실내로 들어가기에 앞서

2 ～さん　いらっしゃいますか。　　　　～씨 계십니까?

3 どうぞ　お上(あ)がり　ください。　　　들어오세요.

4 よく　いらっしゃいました。　　　　잘 오셨습니다.

5 おじゃましました。　　　　　　　실례 많았습니다.

6 また　おいで　ください。　　　　또 오십시오.

188

Review
연습문제

1. 다음 그림을 보고 보기와 같이 문장을 만들어 보시오.

보기	（書く） → すみませんが、書き方を　教えて　ください。

1) 食べる

2) 乗る

3) 使う

2. 다음 보기와 같이 문장을 바꾸시오.

보기	窓を　開ける。 → 窓を　開けて　ください。

1) よく　聞く

Exercise

2) くつを　脱ぐ

3) 早く　起きる

4) 野菜を　食べる

5) 家へ　帰る

6) ちょっと　待つ

3. 다음 문장이 아래의 우리말 뜻과 같이 되도록 (　) 안의 동사를 활용해 보시오.

1) 今度の　週末には　どこか　(行く)たいです。

(이번 주말에는 어딘가 가고 싶습니다.)

2) 山口さんは　今　ジュースを　(飲む)たがって　います。

(야마구치 씨는 지금 주스를 마시고 싶어합니다.)

3) ガラスは (こわれる) やすくて 不便(ふべん)です。

(유리는 깨지기 쉬워서 불편합니다.)

4) 私は 毎朝(まいあさ) ご飯(はん)を (食(た)べる) てから コーヒーを 飲(の)みます。

(나는 매일 아침 밥을 먹고 나서 커피를 마십니다.)

5) 私が (買(か)う) と 思うのは 赤(あか)い くつです。

(내가 사려는 것은 빨간 구두입니다.)

3) ガラス
「유리」

こわれる
「깨지다」

不便(ふべん)だ
「불편하다」

5) ～ようと 思うのは
「～하려고 하는 것은」

3. 다음 동사활용형의 빈칸을 채우시오. ( ) 안은 동사의 종류 구별 표시임.

	기본형	たり형	て형	よう형	기본형	たり형	て형	よう형
1)	する(변)			しよう	帰(かえ)る(5)		帰って	
2)	食(た)べる(1)	食べたり			待(ま)つ(5)			待とう
3)	話(はな)す(5)		話して		着(き)る(1)	着たり		
4)	行(い)く(5)			行こう	書(か)く(5)		書いて	
5)	会(あ)う(5)		会って		落(お)ちる(1)			落ちよう
6)	入(はい)る(5)	入ったり			呼(よ)ぶ(5)	呼んだり		
7)	飲(の)む(5)		飲んで		来(く)る(변)	来(き)たり		
8)	休(やす)む(5)			休もう	見(み)る(1)			見よう

Exercise

1. 　1）すみませんが、食べ方を　教えて　ください。

　　　2）すみませんが、乗り方を　教えて　ください。

　　　3）すみませんが、使い方を　教えて　ください。

2. 　1）よく　聞いて　ください。

　　　2）くつを　脱いで　ください。

　　　3）早く　起きて　ください。

　　　4）野菜を　食べて　ください。

　　　5）家へ　帰って　ください。

　　　6）ちょっと　待って　ください。

3. 　1）今度の　週末には　どこか　行きたいです。

　　　2）山口さんは　今　ジュースを　飲みたがって　います。

　　　3）ガラスは　こわれやすくて　不便です。

　　　4）私は　毎朝　ご飯を　食べてから　コーヒーを　飲みます。

　　　5）私が　買おうと　思うのは　赤い　くつです。

4. 　1）したり、して／かえったり、かえろう

　　　2）たべて、たべよう／まったり、まって

　　　3）はなしたり、はなそう／きて、きよう

　　　4）いったり、いって／かいたり、かこう

　　　5）あったり、あおう／おちたり、おちて

　　　6）はいって、はいろう／よんで、よぼう

　　　7）のんだり、のもう／きて、こよう

　　　8）やすんだり、やすんで／みたり、みて

일본 전통가옥의 대명사 たたみ

たたみ는 ゆか라고 하는 나무로 된 바닥에 접을 수 있는 깔개를 깔았던 것에서 유래하며 '접는다'는 뜻의 たたむ에서 파생되었다. 일본 전통가옥의 마루에 까는 짚으로 된 매트리스라 할 수 있는데, 1장의 크기는 보통 90cm, 180cm의 장방형으로 たたみ 2장이 1평 정도의 넓이이다. 일본에서는 방의 넓이를 잴 때 이 たたみ를 단위로 하여 몇 장짜리냐에 따라 방의 크기를 가늠한다. 여름에는 통풍이 잘 되고 시원해서 습도가 높은 일본기후에 적합하지만, 청소하기가 까다로운 단점이 있다.

겨우살이의 살림꾼 こたつ

앞서도 다룬 바 있지만, 우리나라와 같은 온돌장치가 없는 일본에서는 겨울나기에 있어 없어서는 안될 필수 품목이 바로 こたつ이다. こたつ는 일본의 전통적인 난방기구로, 현대에는 전기를 이용해 보온을 유지하는 작은 용기 위에 やぐら라는 나무틀을 설치하여 그 위에 이불을 덮어서 만든 것이다. 이불 아래 발을 넣어 따뜻하게 하는 방법으로 매우 경제적이어서 서민 가정에서 특히 사랑을 받는다. 이불 위에 네모난 판자를 놓아 식사할 때는 식탁으로, 보통 때는 다용도 책상으로 사용하므로 겨울철 가족생활의 구심점이 되기도 한다.

눈 내리는 하얀 겨울, 키 낮은 등불 아래 온 식구들이 こたつ를 중심으로 발을 한데 모으고 앉아 구운 떡을 먹으며 도란도란 담소하는 따뜻하고 소박한 모습. 생각만으로도 가슴 훈훈해지는 듯하다.

何を　して　いますか。

무엇을 하고 있습니까?

○〜て　いる／ある
상태·진행·결과

○〜と　言います。
〜라고　합니다.

○〜ても　いいですか。
〜해도　됩니까?

○〜た　時
〜했을　때

○〜に　なりました。
〜하게　되었습니다.

良子　金さん、何を　して　いますか。
김씨,　　　무엇을　하고　　있습니까?

金　ええ、日本の　友達に　手紙を　書いて　います。
네,　　일본에 있는 친구에게 편지를　　쓰고　　　있어요.

良子　日本の　友達ですか。　どこに　住んで　いますか。
일본에 있는 친구요?　　　어디에　살고　　있는데요?

金　横浜です。名前は　北川太郎と　言います。
요코하마에요. 이름은　　기타가와 다로오라고 합니다.

ここに　写真も　ありますよ。
여기　　사진도　　있어요.

良子　　　　見ても　いいですか。
　　　　　　봐도　　　됩니까?

金　　　　　はい、　どうぞ。
　　　　　　네,　　　기꺼이요.

　　　　　　去年　日本へ　行った　時、ディズニーランドで
　　　　　　작년에　일본에　갔을　때　디즈니랜드에서

　　　　　　撮った　写真ですが、三人の　中で　めがねを
　　　　　　찍은　사진인데,　세 사람　중에　안경을

- ～して　いる　～하고 있다(진행)
- 手紙(てがみ)　편지
- 住(す)む　살다
- 横浜(よこはま)　일본의 항구도시
- 名前(なまえ)　이름
- 写真(しゃしん)　사진
- どうぞ　부디, 어서(권유)
- 去年(きょねん)　작년
- ディズニーランド　디즈니랜드
- 撮(と)る　찍다
- 三人(さんにん)　세 사람
- めがね　안경

195

かけて　いる　人<ruby>ひと</ruby>が　太郎<ruby>た ろう</ruby>さんです。
쓰고　　　있는　　사람이　다로오 씨입니다.

良子　へえ、ハンサムですね。
우아,　　잘생겼군요.

赤<ruby>あか</ruby>い　シャツを　着<ruby>き</ruby>て　いる　人<ruby>ひと</ruby>が　金<ruby>キム</ruby>さん…。
빨간　셔츠를　　　입고　있는　　사람이　김씨…….

もう　一人<ruby>ひとり</ruby>は　だれですか。
또　　　한 사람은　누구지요?

金　ぼくと　一緒<ruby>いっしょ</ruby>に　行<ruby>い</ruby>った　韓国人<ruby>かんこくじん</ruby>の　友達<ruby>ともだち</ruby>です。
나와　　함께　　갔던　　한국인　　친구에요.

良子　そうですか。いい　写真<ruby>しゃしん</ruby>ですね。
아, 그래요?　　아름다운　사진이군요.

あれ?　後<ruby>うしろ</ruby>に　何<ruby>なに</ruby>か　書<ruby>か</ruby>いて　ありますね。
어?　뒤에　뭔가　쓰여져　　있네요.

ヨンウォンハン　ウジョンウル　ウィハヨ…。
영원한　　　　　　우정을　　　위하여…….

金　そうです。良子<ruby>よし こ</ruby>さん、韓国語<ruby>かんこく ご</ruby>を　読<ruby>よ</ruby>むのが
맞아요.　요시코 씨,　한국어를　읽는 것이

- めがねを　かける　안경을 쓰다
- かけて　いる　(안경을) 쓰고 있다
- へえ　허, 저런, 우아(감동하거나 놀랐을 때)
- ハンサムだ　잘생기다(영어 hand-some의 일본식 표기)
- シャツ　셔츠
- 着(き)る　입다
- もう　또, 더
- ぼく　나(남성들이 주로 씀)
- 後(うしろ)　뒤, 뒷쪽
- 読(よ)む　읽다

196

なかなか　上手(じょうず)に　なりましたね。
상당히　　　능숙해졌군요.

良子　　いえ、まだまだです。
아니에요, 아직 멀었는데요.

ところで　どんな　意味(いみ)ですか。
그런데　　무슨　　뜻이지요?

金　　永遠(えいえん)の　友情(ゆうじょう)の　ために…と　いう　意味(いみ)です。
영원한　우정을　위하여…　라는　뜻입니다.

良子　　あ、そうですか。
아,　그렇습니까?

キムさん、友達(ともだち)は　韓国語(かんこくご)で　何(なん)と　言(い)いますか。
김씨,　ともだち를　한국어로　뭐라고　하지요?

金　　チングと　言(い)います。
친구라고　합니다.

良子　　チングですか。いい　言葉(ことば)ですね。
친구요?　예쁜　말이군요.

- なかなか　상당히, 어지간히
- ～に なる　～가 되다, ～해지다
- まだまだ　아직
- 意味(いみ)　의미
- 永遠(えいえん)　영원
- 友情(ゆうじょう)　우정
- ～の ために　～을 위하여
- 言(い)う　말하다
- 言葉(ことば)　말, 단어, 낱말

1. ～て いる／～て ある

'～て いる'는 진행이나 상태를 나타내는 말로 앞에 자동사·타동사가 오고, '～て ある'는 상태를 나타내는 말로 앞에 타동사가 온다.

구분	의미	예문
자동사＋て いる	상태	窓が 開いて いる。 (창문이 열려 있다.)
타동사＋て いる	진행	窓を 開けて いる。 (창문을 열고 있다.)
타동사＋て ある	상태	窓が 開けて ある。 (〈누군가에 의해〉 창문이 열려져 있다.)

1) 자동사

목적어를 필요로 하지 않는 자동사에 '～て いる'가 이어져 동사 자체의 뜻에 따라 결과로 인한 상태나 진행을 나타낼 수 있다.

赤ちゃんは もう 起きて います。 ← 상태

(아기는 벌써 깨어 있습니다.)

日本語の 勉強は よく すすんで いますか。 ← 진행

(일본어 공부는 잘 진행되고 있습니까?)

자동사에 ～て ある가 이어지는 표현은 없다.

2) 타동사

타동사에 '～て いる'가 이어지면 '~하고 있다'는 진행의 의미를, '～て ある'가 이어지면 '~되어 있다'는 결과의 상태를

진행과 상태
- ○ 자동사＋～て いる : 진행·상태(저절로 된 상태)
- ○ 타동사＋～て いる : 진행
- ○ 타동사＋～て ある : 상태(누군가의 의도에 의해서 된 상태)

開(あ)く
「열리다」

開(あ)ける
「열다」

자동사(自動詞)
주어의 동작·작용을 나타내는 동사

赤(あか)ちゃん
「아기」

すすむ
「진행하다, 나아가다」

타동사(他動詞)
다른 것에 가하는 동작·작용을 나타내어 목적어를 필요로 하는 동사

나타낸다.

母は　いま　そうじを　して　います。　← 진행
(엄마는 지금 청소를 하고 있습니다.)

かぎが　かけて　あります。　← 상태
(열쇠가 채워져 있습니다.)

이때 '자동사+て いる'와 '타동사+て ある'가 결과의 상태를 나타낸다는 것은 같으나, 차이점은 '자동사+て いる'는 '의도와는 상관이 없이 어떠한 상태로 되어져 있다'이고, '타동사+て ある'는 '누군가의 의도된 행위의 결과가 현재에 남아 있다'는 의미상의 차이가 있다. 즉, 앞의 도표에 나와 있는 예에서 보듯이 '窓が　開いて　いる'는 단순히 창문이 열려져 있는 상황을 말하고 있고, 이에 비해 '窓が　開けて　ある'는 누군가에 의해 창문이 열려져 있음을 나타내고 있다.

ならぶ(늘어서다) ← 자동사

ならべる(늘어놓다) ← 타동사

テーブルの　上に　りんごが　ならんで　います。
(테이블 위에 사과가 늘어놓여 있습니다.)

テーブルの　上に　りんごが　一列に　ならべて　あります。
(테이블 위에 사과가 〈누군가의 의도로〉 일렬로 늘어놓여져 있습니다.)

※ 관용표현 ― 다음 표현들은 항상 '～て いる'의 형태로 쓰여서 상태를 나타낸다.

太って　いる(뚱뚱하다)

やせて　いる(말랐다)

眼鏡を　かけて　いる(안경을 끼고 있다)

似て　いる(닮았다)

● かぎを　かける
「열쇠를 채우다」

● 一列(いちれつ)
「일렬」

● 太(ふと)る
「살찌다」

やせる
「여위다」

似(に)る
「닮다」

Grammar

2. 日本の 友達

조사 'の'는 앞뒤 명사의 연결이나 소유관계를 나타내는 것 이외에도 동사를 대신하는 경우가 있는데 본문에 쓰인 것은 '일본에 있는 친구'라는 뜻으로 쓰인 것이다.

雨の 日(비오는 날)

雪の 日(눈오는 날)

3. ～ても いいです

우리말 표현은 '～해도 좋습니다/괜찮습니다'이고, 허가·허락을 나타내는 문형이다. 앞에 오는 말의 て형에 접속된다.

もう 帰っても いいですか。

(이제 돌아가도 좋겠습니까?)

ちょっと 休んでも いいですか。

(좀 쉬어도 되겠습니까?)

'～ても'가 い형용사, な형용사 및 명사에 접속되는 경우는 각각 다음과 같다.

い형용사	少し 遅くても いいですか。 (좀 늦어도 될까요?)
な형용사	答えは 簡単でも いいです。 (답은 간단해도 좋습니다.)
명사	昼ご飯は 簡単に サンドイッチでも いいです。 (점심식사는 간단히 샌드위치라도 좋습니다.)

4. 行った 時

과거시제를 나타내는 た형이 뒤에 오는 명사를 수식할 때 우리말 표현은 '～한/했을+명사'의 의미를 갖는다.

これは 私の かいた えです。

(이것은 내가 그린 그림입니다.)

公園で 会った 人 (공원에서 만난 사람)

5. 読むのが

여기서 쓰인 'の'는 형식명사로서 앞에 오는 말의 연체형에 이어져 '~것'이라고 해석된다.

日本語を 書くのは まあまあですけど、日本語を 話すのは まだまだなんです。

(일본어를 쓰는 것은 그런대로이지만, 일본어로 말하는 것은 아직 서툽니다.)

❋ **まあまあ**
「그런대로」

6. 上手に なりました

동사 'なる'는 결과의 동사이므로, 앞에 형용사가 올 경우엔 상태의 변화를 나타낸다. '~해지다'로 해석한다. い형용사, な형용사와의 연결 형태가 다르므로 잘 구분해 두자.

❋ **~に なる**
「~이/가 되다, ~한 상태로 되다」

この 頃 元気に なりました。 ← な형용사 + に なる

(요즈음 건강해졌습니다.)

きゅうに 暗く なりました。 ← い형용사 + く なる

(갑자기 어두워졌습니다.)

명사 뒤에 'なる'가 이어질 때는 상태의 변화가 아닌 결과를 나타내므로 '~이/가 되다'로 해석한다. 이 때 'なる' 앞에 조사 'に'가 오는 것에 유의해야 한다.

もう 春に なりました。 ← 명사 + に なる

(벌써 봄이 되었습니다.)

わたしは 将来 かしゅに なりたいです。

(나는 장래에 가수가 되고 싶습니다.)

201

Grammar

7. ～で 何と 言いますか

우리말 표현은 '～로 뭐라고 합니까?'이다. 대답은 '～と 言います'라고 한다.

友達は 英語で 何と 言いますか。

(친구는 영어로 뭐라고 합니까?)

Friendと 言います。 (프렌드라고 합니다.)

❀ ～で 何(なん)と 言(い)いますか。
「～로 뭐라고 합니까?」

8. ～の ために

'명사+の ために'의 형태로 '～를 위하여'의 뜻을 나타낸다.

チームの ために かならず 勝ちます。

(팀을 위해서 반드시 이기겠습니다.)

❀ ～の ために
「～를 위하여」

かならず
「반드시」

9. もう／まだ

'もう'는 '이미/벌써'라는 뜻이고 'まだ'는 '아직'이라는 뜻의 부사이다. 예를 들어

A : 木村さんは 帰りましたか。 (기무라 씨는 돌아왔습니까?)

B : はい、もう 帰りました。 (예, 이미 돌아왔습니다.)

C : いいえ、まだ 帰って いません。 /まだ です。

(아니요, 아직 돌아오지 않았습니다./아직입니다.)

이때 'いいえ、まだ 帰りませんでした'라는 대답은 올바르지 못하다. 즉, 'もう'는 '이미'라는 완료를 나타내므로 ～た형을 쓸 수 있지만, 'まだ'의 경우는 '아직 안했지만 앞으로 할 가능성이 있다'는 의미를 내포하므로 '～ませんでした'의 형태를 쓸 수 없다. 따라서 '～ましたか'의 질문에 대한 대답은 'はい、もう ～ました.' 또는 'いいえ、まだ ～て いません.'의 형태로 익혀두는 것이 좋다.

자동사와 타동사

자동사	타동사
開く 열리다	開ける 열다
閉まる 닫히다	閉める 닫다
並ぶ 나란히 서다	並べる 늘어놓다
降りる 내리다	降ろす 내려놓다, 떨어뜨리다
続く 계속되다	続ける 계속하다
止まる 멈추어 서다	止める 멈춰 세우다
始まる 시작되다	始める 시작하다
集まる 모이다	集める 모으다
かかる 걸리다	かける 걸다
起きる 일어나다	起こす 일으키다
過ぎる 넘다	過ごす 넘기다
消える 꺼지다	消す 끄다, 없애다
出る 나가다	出す 꺼내다
落ちる 떨어지다	落とす 떨어뜨리다

1. 다음 물음에 대해 보기와 같이 답해 보시오.

| 보기 | 何を して いますか。(字を 書く)
→ 字を 書いて います。 |

1) 何を して いますか。(部屋の そうじを する)

2) 何を して いますか。(プールで 泳ぐ)

3) 何を して いますか。(いすの 上で ねる)

2. 다음 보기와 같이 '〜て います' 형태의 문장으로 바꾸시오.

| 보기 | 山本さんは 図書館で 本を (読む) います。
→ 山本さんは 図書館で 本を 読んで います。 |

1) あの (太る) 人は 木村さんです。

2) 今 応接間で 金さんが (待つ)。

3) 今日は　朝から　雨が　(降る)。

____

3. 다음 보기와 같이 물음에 대해 답해 보시오.

보기	きょうの　新聞を　読みましたか。
	→ はい、もう　読みました。
	→ いいえ、まだ　読んで　いません。

1) 朝ご飯は　食べましたか。

____

____

2) 必要な　物は　全部　買いましたか。

____

____

3) 宿題は　終りましたか。

____

____

4. 다음을 일본어로 옮기시오.

1) 이제 돌아가도 됩니까? (〜ても　いいですか)

____

Tip

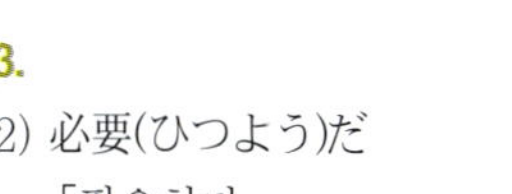

3.

2) 必要(ひつよう)だ
　「필요하다」

3) 宿題(しゅくだい)
　「숙제」

Tip

4.

1) 이제
　「もう」

Exercise

2) '친구'를 일본어로 뭐라고 합니까? (~で 何と 言いますか)

3) 友達라고 합니다. (~と 言います)

4) 겨울이 되면 빨리 어두워집니다. (~に なると、~く なる)

1.　1) 部屋の そうじを して います。

　　2) プールで 泳いで います。

　　3) いすの 上で ねて います。

2.　1) あの 太って いる 人は 木村さんです。

　　2) 今 応接間で 金さんが 待って います。

　　3) 今日は 朝から 雨が 降って います。

3.　1) はい、もう 食べました。／いいえ、まだ 食べて いません。

　　2) はい、もう 買いました。／いいえ、まだ 買って いません。

　　3) はい、もう 終わりました。／いいえ、まだ 終わって いません。

4.　1) もう 帰っても いいですか。

　　2)「チング」は 日本語で 何と 言いますか。

　　3) 友達と 言います。

　　4) 冬に なると、はやく 暗く なります。

일본의 주요 연중행사

1월 — 1일 : 설날. 정월 초하룻날 아침 일찍 신사(神社)나 사원에 가서 참배를 하고 1년의 행운을 기원한다.

두 번째 월요일 : **成人(せいじん)の 日(ひ)**. 만 20세가 되면 참정권이 주어지고 음주 등도 공식적으로 허가를 받게 된다.

3월 — 3일 : **ひな 祭(まつ)り**. 여자아이의 건강한 성장을 기원하는 축제. ひな 人形 등으로 붉은 색의 ひな 壇(だん)을 꾸민다.

4월 — **花見(はなみ)**. 꽃구경(벚꽃놀이)

29일~5월 5일 : **ゴールデンウィーク**. 일주일간의 황금연휴 기간. 이 시기에는 많은 사람들이 휴가를 즐기러 해외여행을 가기도 하는데, 이즈음 우리나라에서도 많은 일본인 여행객들을 볼 수 있다.

5월 — 5일 : **子供(こども)の 日(ひ)**. 남자아이의 건강과 무사를 기원하는 행사로 지붕 위에 천이나 종이로 만든 잉어 모양의 풍선을 매다는데, 이를 こいのぼり라 한다.

7월 — 7일 : **七夕(たなばた)**. 칠석 축제로 이날 아이들은 오색종이에 소망을 적어 작은 대나무에 매달아 만든 たなばた 飾(かざ)り를 만들기도 한다.

8월 — 15일 : **お盆(ぼん)**. 우리의 추석과 비슷한 절기. 이날은 고향을 찾아 성묘를 하고 유카타(홑옷가운) 차림의 마을 사람들이 한데 모여 **盆踊(ぼんおど)り**라는 춤을 추기도 한다.

11월 — 15일 : **七五三(しちごさん)**. 3, 5살 된 남자아이와 3, 7살 된 여자아이를 신사에 데리고 가 참배시키고 무사건강을 기원한다.

12월 — 31일 : **おおみそか**. 한해를 마무리하는 날로, 집안 대청소를 하며 액을 물리치고 としこしそば를 먹으며 새해를 맞을 준비를 한다.

[ひな壇]

[こいのぼり]

[たなばた飾り]

[七五三]

たばこを 吸っては いけません。

담배를 피우면 안됩니다.

point

○ **금지의 표현**

→ **～ては いけません。**
～해서는 안됩니다.

○ **주의의 표현**

→ **～ないで ください。**
～하지 말아 주세요.

○ **～て みましょうか。**
～해 볼까요?

(도서관에서)

良子
まあ、すごいですね。
와아,　괭장하군요.

金
ここが　国立 中央図書館です。大きいでしょう。
여기가　국립중앙도서관이에요.　꽤 크지요?

良子
ええ、たいへん　大きいですね。
네,　매우　크군요.

金
さあ、入りましょう。
자,　들어갑시다.

あ、良子さんは　韓国の　図書館は　初めてですね。
아,　요시코 씨는　한국의　도서관은　처음이지요?

良子　ええ、そうです。
네,　　그래요.

金　では、入る　前に　あそこに　張って　ある
그럼,　들어가기 전에　저기에　붙어　있는

利用 上の　注意を　読んでみましょうか。
'이용상의　주의'를　읽어 볼까요?

良子　いいです。でも　全部　韓国語で　書いて
좋아요.　하지만 전부　한국어로　쓰여

ありますから　通訳　おねがいします。
있으니까　통역　부탁해요.

- **すごい** 굉장하다, 대단하다
- **国立**(こくりつ) 국립
- **中央**(ちゅうおう) 중앙
- **図書館**(としょかん) 도서관
- **たいへん** 매우, 대단히
- **入**(はい)**る** (밖에서 안으로) 들어가다
- **初**(はじ)**めて** 처음
- **張**(は)**る** 붙다
- **利用上**(りようじょう)**の** 이용상의
- **注意**(ちゅうい) 주의
- **通訳**(つうやく) 통역
- **ねがう** 부탁하다

金 それなら まかせて ください。 えーと
　　　그거라면　　맡겨　　　주세요.　　　　음—

1. たばこを 吸^すっては いけません。
일. 담배를　　　피워서는　　　안됩니다.

2. 大^{おお}きな 声^{こえ}で 話^{はな}さないで ください。
이. 큰　　　　소리로　　말하지 말아　　주십시오.

3. 本^{ほん}や 資料^{しりょう}などを 汚^{よご}しては いけません。
삼. 책이나　자료 등을　　　더럽혀서는　　안됩니다.

4. 食^たべ物^{もの}を 食^たべないで ください。
사. 음식물을　　　먹지 말아　　　주십시오.

- まかせる　맡기다
- たばこ　담배
- 吸(す)う　피우다
- 〜ては いけません　〜해서는 안됩니다
- 声(こえ)　(목)소리
- 話(はな)す　말하다, 이야기하다
- 資料(しりょう)　자료
- 汚(よご)す　더럽히다
- 食(た)べ物(もの)　음식물

5. 荷物は　入る　前に　ロッカーに　入れて
오. 짐은　　　들어오기 전에　　사물함에　　　　넣어

くださいちください。
주십시오.

6. コピーは　中の　コピー機を　利用して
육. 복사는　　　안에 있는 복사기를　　　이용해

ください。
주십시오.

以上です。
이상입니다.

良子　日本の　図書館と　よく　似て　いますね。
　　　일본의　　도서관과　　많이　　비슷하군요.

金　そうですか。やっぱり　図書館ですからね。
　　그래요?　　　역시　　　도서관이니까요.

さあ、入りましょう。入口は　こちらです。
자,　　들어갑시다.　　　입구는　　이쪽이에요.

- 荷物(にもつ) 짐
- ロッカー 사물함
- 入(い)れる 넣다
- 以上(いじょう) 이상
- 似(に)る 닮다
- やっぱり 역시
- 入(はい)る 들어가다
- 入口(いりぐち) 입구

Grammar

1. まあ

감동사 'まあ'는 경우에 따라 다양하게 쓰이는데 앞뒤 정황에 맞게 해석하면 된다. 놀라거나 뜻밖의 일을 당했을 때는 '어머, 어머나', 어떤 일이 만족스럽지 못할 때는 '뭐 그런대로', 이야기가 진행되는 가운데 상대방 또는 자신의 말을 가볍게 제지할 때는 '하여튼, 우선' 등으로 해석한다.

2. すごい

'굉장하다/대단하다'라는 의미의 형용사로 놀라운 기분을 나타내고자 할 때 감동사와 같이 쓰이고 있다. 비슷한 표현 중 부정적인 이미지의 말에는 'ひどい'가 있다.

へえ、ひどい。
(정말 지독하군.)

3. 〜なら

'〜라면/〜한다면'의 의미로 가정, 조건을 나타낸다. 주로 명사나 형용사에 쓰여 어떤 사항을 예로 들어 이야기하거나 조언을 하는 데 많이 쓰인다.

いい 天気なら 散歩に 行きましょう。
(날씨가 좋으면 산책하러 갑시다.)

4. 〜ては いけません

우리말 표현은 '〜해서는 안됩니다'이며 금지를 나타내는 문형으로 앞서 배운 '〜ても いいです。(〜해도 좋습니다)'에 대한

🌸 **감동사**(感動詞)
우리가 ①무엇을 느꼈을 때의 감정을 나타내거나, ②사람을 부를 때, ③응답할 때 쓰이는 품사를 말한다. 보통 글의 첫머리에 온다.

🌸 **まあ**
① 어머, 어머나
② 뭐 그런대로
③ 하여튼, 우선

🌸 **〜ては いけません**
「〜해서는 안됩니다」
↔ 〜ても いいです
「〜해도 좋습니다」

반대 표현이 된다. 앞에 오는 말의 て형에 이어진다.

ここで たばこを 吸っ**ては いけません**。

(여기서 담배를 피워서는 안됩니다.)

5. ～ましょうか

ます형의 권유형 '～ましょう(～합시다)'에 의문형 종조사 'か'를 붙여 표현하면 보다 정중한 표현을 만들 수 있다.

映画を 見に 行き**ましょう**。

(영화 보러 갑시다.)

映画を 見に 行き**ましょうか**。

(영화를 보러 가시겠어요?)

6. ～ないで ください

앞에서 배운 '～ては いけません'이 강한 금지의 표현이라면 좀더 완곡하게 금지·제지할 때 쓸 수 있는 표현이 '～ ないで ください (～하지 말아 주십시오)'이다. 앞에 오는 말의 ない형에 접속된다.

芝生に 入ら**ないで ください**。

(잔디밭에 들어가지 마십시오.)

大きな 声で 話さ**ないで ください**。

(큰소리로 말하지 마십시오.)

비교 ここは 禁煙ですから たばこを 吸っ**ては いけません**。

(여기는 금연장소이므로 담배를 피우면 안됩니다.)

こどもが いるから たばこを 吸わ**ないで ください**。

(아이가 있으니까 담배를 피우지 말아 주십시오.)

❀ ～ないで ください。
「～하지 말아 주십시오」
→ ては いけません。
「～해서는 안됩니다」
좀더 강한 금지.

❀ 芝生(しばふ)
「잔디밭」

❀ 禁煙(きんえん)
「금연」

213

동사의 ない형

　‘ない’는 부정을 나타내는 조동사로서 ‘~하지 않다’라는 의미를 갖는다. 정중한 표현은 ‘ないです’이고, 이것은 ‘～ません’과 바꿔쓸 수 있다. 각 종류에 따른 동사의 ない형은 다음과 같이 만든다.

1. 1단동사 — 어미 ‘る’를 떼고 ‘ない’를 붙인다.

食べる(먹다) → 食べ**ない**(먹지 않는다)

落ちる(떨어지다) → 落ち**ない**(떨어지지 않는다)

教える(가르치다) → 教え**ない**(가르치지 않는다)

2. 변격동사 — ‘する・来る’ 두 동사의 ない형은 그대로 암기한다.

する(하다) → **しない**(하지 않는다)

来る(오다) → **こない**(오지 않는다)

3. 5단동사 — 어미를 あ단으로 고치고 ‘ない’를 붙인다.

読む(읽다) → 読**まない**(읽지 않는다)

話す(말하다) → 話**さない**(말하지 않는다)

行く(가다) → 行**かない**(가지 않는다)

　단, 5단동사 중에서 어미가 ‘う’로 끝나는 동사의 ない형은 어미를 あ단으로 옮길 때 ‘あ’가 아닌 ‘わ’를 써야 함에 주의해야 한다.

会う(만나다) → 会**わない**(만나지 않는다)

歌う(노래하다) → 歌**わない**(노래하지 않는다)

買う(사다) → 買**わない**(사지 않는다)

吸う(피우다) → 吸**わない**(피우지 않는다)

<ruby>食<rt>た</rt></ruby>べる와 <ruby>飲<rt>の</rt></ruby>む

얼마 전 학생이 지은 작문 중에 재미있는 것을 발견했다. '약을 먹다'라는 문장을 만들고자 한 것 같은데, 이를 '薬(くすり)を 食べる'라고 한 것이다. 이것을 보고 '과연 그럴 만하다'는 생각을 했다. 한국어와 일본어는 같은 한자 문화권에 속하므로 많은 부분에서 서로 비슷한 점을 발견할 수 있기 때문이다. 그러나 언어란 그 나라 땅에서 나고 자라 성장하는 것이므로 그 나라 민족의 정서와 사고에 따라 비슷한 듯하면서도 엄연한 차이가 존재하는 것이 사실이다.

어쨌든 '약을 먹다'에 '食べる'를 사용한 것은 바르지 않다. 이때는 동사 '飲む'를 써서 '薬を 飲む'라고 해야 한다. 그럼 동사 '食べる'와 '飲む'는 어떤 차이가 있는 걸까? 먼저 '食べる'는 '음식물을 이로 잘 씹어 식도 쪽으로 보내다'라는 기본동작을 나타내는 데 반해 '飲む'는 '음식을 씹는 동작 없이 꿀꺽꿀꺽 삼키는' 행위를 나타낸다.

자, 이쯤 되면 왜 '食べる'가 아닌 '飲む'인지 이해가 될 것이다. 같은 고체물이라 하더라도 'おかゆ(죽)' 같은 음식물은 씹는 동작이 생략되므로 이 또한 '죽을 먹다'라고 할 때는 'おかゆを 飲む'라고 한다. 비슷한 예로 '신문을 보다'는 무어라 할까? 그렇다. '新聞を 読む'라 하지 '新聞を 見る'라고는 하지 않는다는 사실! 초급 학습자의 애교있는 실수로 또 하나의 살아있는 문법을 확인할 수 있는 기회였다.

Dialogue

1. さあ、どうぞ。　자, 드세요. ———

2. いただきます。　잘 먹겠습니다.

3. ごちそうさまでした。　잘 먹었습니다.

4. おそまつさまでした。　변변치 못했습니다.

5. もう 少<ruby>すこ</ruby>し いかがですか。
   조금 더 어떻습니까?(조금 더 드시겠어요?)

6. もう だいじょうぶです。　이제 괜찮습니다.(충분합니다.)

1. 다음 보기와 같이 그림을 보고 물음에 답해 보시오.

보기	たばこを 吸っても いいですか。
	→ いいえ、たばこを 吸っては いけません。

1.
1) 車を 止(と)める
「차를 세우다」

2) しばふ
「잔디」

3) 泳(およ)ぐ
「헤엄치다」

1) ここに 車を 止めても いいですか。

2) しばふに 入っても いいですか。

3) ここで 泳いでも いいですか。

2. 다음 빈 칸을 채우시오. ( ) 안은 동사의 종류 구별 표시임.

2.
① 1단동사—어미 る를 떼고
   ない를 붙인다.
② 변격동사
   する→しない
   来る→こない
③ 5단동사—어미를 あ단으
   로 고치고 ない를 붙인다.

기본형	ない형	기본형	ない형
1) 起きる(1)		来る(변)	
2) 話す(5)		歌う(5)	
3) 知る(5)		行く(5)	
4) 始まる(5)		飲む(5)	
5) 比べる(1)		待つ(5)	

Exercise

3. 다음을 일본어로 옮기시오.

1) 자, 함께 만들어 볼까요? (〜ましょうか)

2) 오늘은 목욕하지 마십시오. (〜ないで　ください)

3) 책이나 자료 등을 더럽혀서는 안됩니다.

　　　　　　　　　　　　　　(〜ては　いけません)

3.

1) 함께
　「一緒(いっしょ)に」
　만들다
　「作(つく)る」

2) 목욕하다
　「お風呂(ふろ)に入(はい)る」

3) 자료
　「資料(しりょう)」
　더럽히다
　「汚(よご)す」

1.　1) いいえ、車（くるま）を　止めては　いけません。

　　2) いいえ、しばふに　入（はい）っては　いけません。

　　3) いいえ、ここで　泳（およ）いでは　いけません。

2.　1) 起（お）きない／こない

　　2) 話（はな）さない／歌（うた）わない

　　3) 知（し）らない／行（い）かない

　　4) 始（はじ）まらない／飲（の）まない

　　5) 比（くら）べない／待（ま）たない

3.　1) さあ、一緒（いっしょ）に　作（つく）りましょうか。

　　2) 今日（きょう）は　お風呂（ふろ）に　入（はい）らないで　ください。

　　3) 本（ほん）とか　資料（しりょう）などを　汚（よご）しては　いけません。

相撲(すもう) : 씨름

　　일본의 전통 씨름인 **すもう**. 거구의 씨름꾼이 **まわし**라고 하는 띠를 두르고 둥근 원형의 모래판에서 서로를 밀쳐내는 경기 장면은 한국의 씨름에 익숙한 우리 눈에는 분명 낯선 모습이다.

　　그러나 일본 내에서의 **すもう**에 대한 열기는 대단하다. 1년에 6번 1,3,5,7,9,11월에 열리는데, 매 경기마다 경기장을 가득 매운 관객의 응원소리에 천장이 들썩거리고 TV에서는 일정한 시간대를 할애하여 전 경기 장면을 중계방송하며 그 시청 열의 또한 대단하다.

　　すもう는 직경 455cm, 높이 54cm의 모래판에서 4분 여에 걸쳐 행해지는 경기로, 경기 시작 전에 액을 막는다는 의미에서 소금을 뿌리고, 승부는 발 외에 신체 일부가 먼저 땅에 닿거나 씨름판 밖으로 밀려나면 지게 된다. 우리가 TV를 통해 보는 모습은 단순히 밀쳐내는 동작만 있는 것 같지만 **すもう**에도 승부를 결정짓는 기술이 무려 70여 가지나 된다니, 자세히 알고 보면 선수마다의 기량과 실력을 발휘하여 승부를 가리는 색다른 재미의 스포츠일 듯도 하다. 특별히 체급이 나뉘어져 있지 않기 때문에 대전 운에 따라 체격 차이가 큰 상대와 경기하게 되는 수도 있어 이럴 때는 몹시 재미있는 장면이 연출되기도 한다. 요즈음은 위성방송 등 안방에서도 **すもう**를 구경할 수 있는 기회가 많아졌으니 기회가 된다면 꼭 한번 관람해 보자. 전통적인 스포츠인 만큼 일본의 또다른 모습을 발견할 수 있을 것이다.

早く 病院へ 行った ほうが いいです。

빨리 병원에 가는 편이 좋아요.

point

○ ～んじゃないですか。
～인 것 아닙니까?

○ ～た ほうが いいです。
～하는 편이　　좋습니다.

○ ～たら
～(한)다면

○ ～く なります。
～하게 됩니다.

良子
（よしこ）

中村さん、おはよう！
나카무라 씨,　안녕하세요!

あれ、顔色が　よくないですね。
어머,　안색이　좋지 않네요.

気分が　悪いんですか。
기분이　안 좋아요?

中村
（なかむら）

ええ、体の　具合が　ちょっと　悪いんです。
네,　몸의　상태가　좀　안 좋아서요.

ハハハハックション…
에에에취…

良子 えっ、風邪（かぜ）を　ひいたんじゃないですか。
어머,　　감기에　　걸린 것 아니에요?

どうですか。熱（ねつ）も　あるんですか。
어때요?　　　　열도　　있나요?

中村 ええ、それに　喉（のど）も　いたいし…、少（すこ）し　寒（さむ）けも
네.　게다가　목도　아프고,　　　　약간　오한도

するんですよ。
나요.

새단어

- **顔色**（かおいろ）　안색, 얼굴색
- **気分**（きぶん）　기분, 컨디션
- **悪**（わる）い　안 좋다, 나쁘다
- **体**（からだ）　몸, 신체
- **具合**（ぐあい）　형편, 사정
- **風邪**（かぜ）を ひく　'감기 걸리다'의 관용구
- **熱**（ねつ）　열
- **喉**（のど）　목
- **いたい**　아프다
- **少**（すこ）し　조금, 약간
- **寒**（さむ）け　오한, 추위
- **寒**（さむ）けが する　오한이 나다

良子 それは　たいへんですね。
그것　　　큰일났군요.

早く　病院へ　行った　ほうが
빨리　병원에　가보는　것이

いいんじゃないですか。
낫지 않겠어요?

中村 それより　すこし　休んだら　いいと
그것보다　좀　　쉬면　　나을 것

思いますげと。
같은데요.

良子 そうですか。
그래요?

では　何か　温かいのでも　飲みませんか。
그럼　뭔가　따뜻한 것이라도　　마시지 않을래요?

中村 喉が　いたくて　何も　飲みたく　ないんですが。
목이　아파서　아무것도 마시고 싶지　않지만…

ホット　コーヒーなら…。
뜨거운　커피라면…….

- たいへん　큰일
- 早(はや)く　빨리
- 病院(びょういん)　병원
- それより　그것보다
- 休(やす)む　쉬다
- 温(あたた)かい　따뜻하다
- ホット　뜨거운
- コーヒー　커피
- 〜なら　〜라면

良子 風邪の時　コーヒーは　飲まない　ほうが
감기에 걸렸을 때 커피는　　　마시지 않는　편이

いいですよ。
좋아요.

その　代わりに　お茶は　どうですか。
그　　대신에　　　차는　　　어때요?

温かい　お茶を　飲んだら　体も　温かく
따뜻한　차를　　마시면　　몸도　따뜻해

なりますからね。
질 테니까요.

中村 その　ほうが　いいですね。
그　　편이　　　좋겠네요.

良子 では　ちょっと　待って　くださいね。
그럼　잠깐만　　기다려　　주세요.

わたし　すぐ　お茶を　入れますから。
제가　　곧　　차를　　준비할 테니까요.

中村 じゃあ、　おねがいします。
그럼,　　　부탁합니다.

- 代(か)わりに　대신에
- お茶(ちゃ)　차
- 待(ま)つ　기다리다
- すぐ　곧
- お茶(ちゃ)を　入(い)れる　'차를 타다'의 관용구

Grammar

1. 顔色が よく ない

우리말 표현으로 '안색이 좋지 않다'에 해당한다. 이밖에도 몸 상태가 좋지 않음을 나타내는 표현에는 '気分が 悪い(기분이 나쁘다/컨디션이 안 좋다)', '体の 具合[調子]が 悪い(몸 상태가 좋지 않다)' 등이 있다.

🌸 具合(ぐあい)
「형편·상태」

調子(ちょうし)
「상태·기미」

2. 〜た ほうが いいです

우리말 표현은 '〜하는 편이 좋겠습니다/〜하는 편이 낫겠습니다'이며, 상대방의 의견이나 상태에 대해 자신의 의견을 제시하여 충고나 조언을 할 때 사용할 수 있는 표현이다. 앞에 오는 말의 た형에 접속된다. 뒷부분을 부정형으로 하여 '〜た ほうが いいんじゃないですか／いいんじゃ ありませんか(〜하는 편이 좋지 않겠습니까?)'라고 하면 좀더 정중한 표현이 된다.

🌸 〜た ほうが いいです。
「〜하는 편이 좋겠습니다」
〜た ほうが いいんじゃないですか。
「〜하는 편이 좋지 않겠습니까?」 좀더 정중한 표현

早く 寝た ほうが いいです。

(빨리 자는 편이 낫겠습니다.)

バスより 地下鉄で 行った ほうが いいんじゃ ないですか。

(버스보다 지하철로 가는 편이 낫지 않겠습니까?)

3. 風邪を ひいた。

'風邪を ひく'는 '감기 걸리다'라는 의미의 관용구이다. 본문에 쓰인 'ひいた'의 표현은 'ひく' 동사의 과거형인 셈인데, 여러 가지 증상으로 보아 감기에 걸린 것 아니냐는 의미로 쓰인 말이다.

🌸 風邪を ひく
「감기 걸리다」

4. 〜んです／〜んじゃないですか。

각각 '〜のです／〜のじゃないですか'의 회화체로서 형식명사 'の'에 이어지므로 앞에 오는 말은 연체형을 취한다. '〜인 것입니다／〜인 것 아닙니까?'의 뜻으로 회화체에서 뭔가 좀더 강조하고자 할 때나 설명이 필요한 경우에 많이 쓰인다.

❀ 〜んです／〜んじゃない
ですか。
「〜인 것입니다, 〜인 것 아닙니까?」← 회화체

5. たいへんだ

'큰일이다/힘들다'의 뜻을 갖는 な형용사이다. 상대방의 힘든 상황뿐만이 아니라 자신에 대해서도 쓸 수 있다.

❀ たいへんだ
「큰일이다, 힘들다」

A : あしたは 試験が ふたつも ありますよ。

(내일은 시험이 두 가지나 있어요.)

B : それは たいへんですね。 (그것 큰일이군요.)

家から 会社までは 2時間も かかりますよ。だから 毎日 たいへんです。 (집에서 회사까지는 두 시간이나 걸려요. 그래서 매일 아주 힘들지요.)

6. 〜たく ありません。

'〜하고 싶지 않습니다'라는 뜻으로 앞서 배운 희망의 조동사 'たい'는 기본형이 'い'로 끝났으므로 い형용사 활용을 한다. 따라서 부정형은 '〜たく ないです／〜たく ありません'이 된다.

❀ 〜たい의 부정
→〜たく ないです
　〜たく ありません

今日は お酒が 飲みたく ありません。

(오늘은 술을 마시고 싶지 않습니다.)

❀ お酒(さけ)
「술」

7. 〜なら

なら는 명사 뒤에 이어져 조건·가정의 뜻을 나타낸다.

❀ 〜なら
「〜라면」

それなら 私にも ありますよ。

(그것이라면 나에게도 있어요.)

Grammar

時計**なら** スイス製が 一番でしょう。

(시계라면 스위스 제품이 제일이지요.)

8. ～ない ほうが いいです

우리말 표현은 '～하지 않는 편이 좋습니다'이며 '～ た ほうが いいです'와 마찬가지로 상대방의 의견이나 생각에 대한 반대의 충고나 조언을 할 때 사용할 수 있다. 부정의 의미를 담고 있으므로 앞에 오는 말의 ない형에 이어진다.

夜遅くまで テレビを 見**ない** ほうが いいです。

(밤늦게까지 TV를 보지 않는 편이 좋겠습니다.)

無理し**ない** ほうが いいです。

(무리하지 않는 편이 좋습니다.)

勉強部屋は あまり 明る**くない ほうが** いいです。

(공부방은 너무 밝지 않은 편이 좋습니다.)

9. 休ん**だら**／飲ん**だら**

'たら'는 과거 · 완료의 조동사 'た'의 가정형으로 '～했다면/～한다면'의 의미를 갖는다. 앞에 오는 말의 た형에 접속된다. 본문에 나온 형태는 '休む, 飲む'가 5단동사이므로 ん음편 활용의 탁음화 현상 때문에 '～だら'가 된 것이다.

この 仕事が 終っ**たら** すぐ 行きます。

(이 일이 끝나면 곧 가겠습니다.)

10. 温か**く なる**

'い형용사 어간+く なる'의 형태로 '～가 되다/～해지다'의 상태의 변화를 나타낸다.

226

いつの 間<ruby>間<rt>ま</rt></ruby>にか 暗<ruby>暗<rt>くら</rt></ruby>く なりました。

(어느새 어두워졌습니다.)

「うわっ!」と 太郎<ruby><rt>たろう</rt></ruby>さんの 目<ruby><rt>め</rt></ruby>が 大<ruby><rt>おお</rt></ruby>きく なりました。

('우왓!' 하고 다로우의 눈이 커졌습니다.)

비교 명사, な형용사의 경우

もう 冬<ruby><rt>ふゆ</rt></ruby>に なりましたね。 ← 명사+に なる

(벌써 겨울이 되었군요.)　　(결과 ; ～가 되다)

急<ruby><rt>きゅう</rt></ruby>に しずかに なりました。 ← な형용사 어간+に なる

(갑자기 조용해졌습니다.)　　(상태의 변화)

11. その ほうが いいです。

'그 편이 좋겠습니다'라는 뜻으로 '～ほうが いいです'는 앞에 오는 말의 종류에 따라 각각 다음과 같은 접속형태를 갖는다.

い형용사	大<ruby><rt>おお</rt></ruby>きい ほうが いいです。 (큰 편이 좋습니다.)
な형용사	便利<ruby><rt>べんり</rt></ruby>な ほうが いいです。 (편리한 쪽이 좋습니다.)
명사	バスの ほうが いいです。 (버스를 이용하는 쪽이 좋습니다.)
동사	行<ruby><rt>い</rt></ruby>く ほうが いいです。 (〈어느 쪽인가 하면〉 가는 게 좋겠습니다.) 行<ruby><rt>い</rt></ruby>った ほうが いいです。 (가는 편이 좋겠습니다.) ← 의견·제안을 적극적으로

12. お茶を 入れる

'차를 타다/끓이다'라는 뜻의 관용구이다.

❀ いつの 間(ま)にか
「어느새」

❀ 急(きゅう)に
「갑자기」

しずかだ
「조용하다」

❀ ～ほうが いいです。
「～편이 좋겠습니다」

❀ お茶(ちゃ)を 入(い)れる。
「차를 타다」

いたいなあ！
아파요!

熱が ある／汗が 出る
열이 있다／땀이 나다

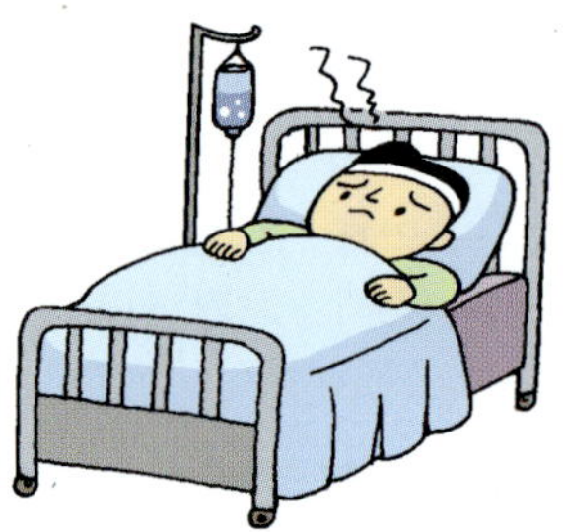

寒けが する
오한이 나다

くしゃみが 出る
재채기가 나다

はなみずが 出る 콧물이 나다

お腹を こわす 배탈이 나다

せきが 出る
기침이 나다

吐き気が する
구토가 나다

食欲が ない
식욕이 없다

♣ **신체의 특정 부위가 아플 때 쓰는 '痛い'**

頭 [お腹／歯／喉]が 痛い 머리[배/이/목]이 아프다

※ 따라서 우리가 흔히 말하는 '몸이 아파서요'는 신체의 어느 특정 부위가 아니기 때문에 '体が 痛い' 가 아니라, 앞서 배운 '体の 具合が 悪い' 또는 '気分が 悪い'라고 해야 한다.

1. 다음 보기와 같이 문장을 만들어 보시오.

> **보기**
> 歯が いたいです。(病院へ 行く)
> → じゃ、病院へ 行った ほうが いいです。

1) 明日から 試験が 始まります。(早く 帰って 勉強する)

2) 喉が 少し いたいです。(温かい お茶を 飲む)

3) このごろ 目が 悪く なりました。(めがねを かける)

Tip

1.
2) 喉(のど)
「목」

3) 目(め)
「눈」

2. 다음 보기와 같이 문장을 만들어 보시오.

> **보기**
> 風邪を ひきました。(お酒を 飲む)
> → じゃ、お酒を 飲まない ほうが いいです。

1) 最近 また 体重が 増えました。
   (あまり たくさん 食べる)

2) 市内で 約束が あります。
   (道が 混むから 車を 持って 行く)

Tip

2.
1) 体重(たいじゅう)
「체중」

あまり
「너무」

増(ふ)える
「증가하다, 늘다」

2) 市内(しない)
「시내」

混(こ)む
「혼잡하다」

229

Exercise

3) 体の 調子が 悪いです。(無理に 仕事を する)

3. 다음을 일본어로 옮기시오.

1) 어머! 와타나베 씨 아니에요? (~じゃないんですか)

2) 여기서 역까지는 10분 정도밖에 걸리지 않습니다. (ぐらい
しか ～ません)

3) 비가 온다면 가고 싶지 않습니다. (雨が 降る ～たら)

3) 調子(ちょうし)
「상태」

無理(むり)に
「무리하게」

3.

1) 어머!
「あら」

2) ~밖에 ~않다(없다)
「～しか ～ません」

3) ~한다면
「～たら」

1.　　1) じゃ、早く 帰って 勉強した ほうが いいです。

　　2) じゃ、温かい お茶を 飲んだ ほうが いいです。

　　3) じゃ、めがねを かけた ほうが いいです。

2.　　1) じゃ、あまり たくさん 食べない ほうが いいです。

　　2) じゃ、道が 混むから 車を 持って 行かない ほうが いいです。

　　3) じゃ、無理に 仕事を しない ほうが いいです。

3.　　1) あら、渡辺さんじゃないんですか。

　　2) ここから 駅までは 十分ぐらいしか かかりません。

　　3) 雨が 降ったら 行きたくないです。

能(のう)는 일본 最古의 연극

일본의 독자적인 연극으로서 유명한 것은 能(のう)와 歌舞技(かぶき)이다.

能는 14C, 歌舞技는 17C 경부터 성행하게 된 것으로 긴 역사를 지니고 있고 현재 재연되고 있는 것 역시 옛 스타일을 그대로 살리고 있다.

그중 能는 일본에서 가장 오래된 연극이다. 江戸(えど)시대(1603~1867)까지는 주로 무사계급 사이에서 유행했는데, 등장인물 중 주인공이 가면을 썼다 하여 가면극이라고도 하였다. 배우들의 추상화된 움직임과 피리 · 큰북의 단조로운 연주로 연출되는 무대 공간이 독특하다. 또 能의 막과 막 사이에 狂言(きょうげん)이라는 희극을 즐길 수도 있다. 能와는 전혀 다른 스토리로 진행되지만 배우의 과장된 몸짓과 우스꽝스런 대사가 나름대로의 재미를 느끼게 한다.

현재 能를 상연하고 있는 장소는 극히 한정되어 있는데, 東京(とうきょう)에서는 国立能楽堂, 観世能楽堂 정도이다.

韓江では 泳ぐ ことが できますか。

한강에서 수영할 수 있습니까?

Point

○ **동사 + ことが できる。**
　~를 할 수 있다(가능표현)

○ **あまり　~ない**
　그다지　~지 않다

○ **~たり、~たり します。**
　~하기도 하고, ~하기도 합니다.

良子(よしこ)　金(キム)さんは　水泳(すいえい)が　できますか。
　　　　　　　김씨는　　　　　수영을　　　할 줄 압니까?

金(キム)　ええ、できます。
　　　　네,　　할 줄 압니다.

　　　あまり 上手(じょうず)では ないですけど。
　　　그다지 능숙하지는　　않습니다만.

良子　最近(さいきん)　友達(ともだち)と　いっしょに　漢江(ハンガン)へ　行った
　　　　얼마 전　친구랑　　함께　　　　　　한강에　　갔던

　　　ことが　ありますが、漢江(ハンガン)では　水泳(すいえい)とか　釣(つ)りを
　　　적이　　있는데,　　한강에서는　　수영이나　　낚시를

する　ことが　できますか。
할 수 있나요?

金　　　ええ、できます。でも　できる　場所は　きめて
　　　　네,　　　할 수 있어요. 하지만, 가능한　장소가　　정해져

ありますよ。
있지요.

- 水泳(すいえい)　수영
- できる　할 수 있다, 가능하다
- あまり　〜ない　그다지 〜이지 않다
- 最近(さいきん)　얼마 전, 최근에
- 友達(ともだち)　친구
- いっしょに　함께

- とか　〜이나, 〜든지, 〜라든가(예시적으로 나란히 함께 쓰는 뜻)
- 釣(つ)り　낚시(魚釣り라고도 함)
- 場所(ばしょ)　장소
- きめる　정하다, 결정하다

良子

そうですね。川岸の　景色も　きれいで　いい
그렇군요.　　강변의　경치도　아름답고　좋은

所だと　思いました。
곳이라고　생각했었지요 .

金

そうですか。わたしも　時々　行くんですけど、
그래요?　　저도　가끔　갑니다만,

休みの日には　おおぜいの　人々が　辺りを
휴일에는　　많은　사람들이　주변을

散歩したり　いろんな　スポーツを　したり
산책하기도 하고 여러 가지　스포츠를　즐기기도

새단어

- **川岸**(かわぎし)　강가
- **景色**(けしき)　경치
- **きれいだ**　아름답다
- **時々**(ときどき)　가끔, 때때로
- **休**(やす)**みの日**(ひ)　휴일
- **おおぜい**　많은(사람에게만 사용)
- **人々**(ひとびと)　사람들
- **辺**(あた)**り**　주변
- **散歩**(さんぽ)　산보

します。また　きれいな　レストランも　あって
합니다.　　또　　　아름다운　　　레스토랑도　　　　있어서

しょくじ
食事も　できますよ。
식사도　　　가능하지요.

良子　　あ、そうですか。
　　　　아,　그래요?

　　　　いちど　い
　　　もう　一度　行ってみたいですね。
　　　다시　　한번　　가보고 싶네요.

새단어

- **いろんな**　여러 가지, 갖가지
- **スポーツ**　스포츠
- **〜たり**　〜든지, 〜거나
- **レストラン**　레스토랑
- **食事**(しょくじ)　식사
- **一度**(いちど)　한번

Grammar

1. ～る ことが できます

'～을/를 할 수 있다'의 표현으로 전후 상황으로 보아 어떤 일이 가능하거나 가능하다고 허가할 때 쓸 수 있다. 앞에 오는 동사의 기본형에 이어진다.

'できます(할 수 있습니다)'의 기본형 'できる'는 동사 'する'의 가능형이다. 가능동사 앞에는 조사 'が'가 오는 것에 주의해야 한다.

日本語が できます。

(일본어를 할 줄 압니다.)

あしたは 行く ことが できます。

(내일은 갈 수 있습니다.)

2. ～る ことが できません

'～る ことが できます'의 부정표현으로 어떤 일의 실현 불가능이나 금지를 나타낼 때 쓰는 문형이다. '～을/를 할 수 없습니다'의 뜻이다.

私は 水泳が できません。

(나는 수영을 못합니다.)

漢江では 泳ぐ ことが できません。

(한강에서는 수영을 할 수가 없습니다.)

3. ～たり ～たり します

둘 이상의 동작 또는 사항을 나열할 때 쓸 수 있는 표현이다. 우리말의 '～하기도 하고 ～하기도 합니다'에 해당한다. 앞에 오는 말의 た형에 이어진다.

映画を 見たり お茶を 飲んだり します。

(영화를 보기도 하고 차를 마시기도 합니다.)

この 頃は 寒かったり 暑かったり します。

(요즈음은 춥기도 하고 덥기도 합니다.)

4. 行ってみたい

'가보고 싶다'의 뜻으로 시도를 나타내는 '〜てみる(〜해보다)'
와 희망조동사 '〜たい(〜싶다)'가 결합된 형태이다.

私も 食べてみたい！

(나도 먹어보고 싶어!)

〜たり 〜たり する
「〜하기도 하고 〜하기도 하다」

この頃(ごろ)
「요즈음」

<ruby>遊<rt>あそ</rt></ruby>ぼうよ！

놀아요!/놀자!

あやとり　실뜨기

なわとび　줄넘기

じゃんけんぽん
가위바위보

<ruby>腕<rt>うで</rt></ruby>ずもう　팔씨름

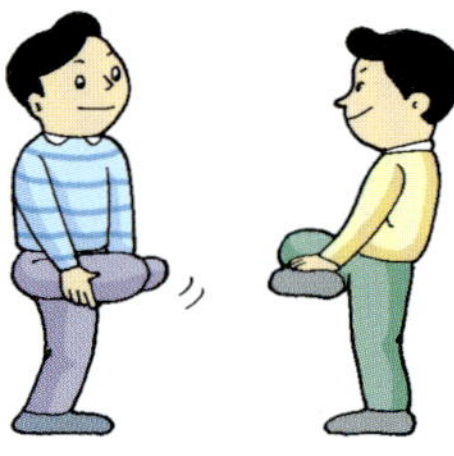

ひざずもう　닭싸움

こま <ruby>回<rt>まわ</rt></ruby>し
팽이돌

<ruby>鬼<rt>おに</rt></ruby>ごっこ／<ruby>隠<rt>かく</rt></ruby>れん<ruby>坊<rt>ぼう</rt></ruby>
술래잡기/숨바꼭질

ぶらんこに <ruby>乗<rt>の</rt></ruby>る　그네타기

ままごと　소꿉놀이

Dialogue

1. もしもし。
여보세요.

2. ～さんの おたくですか。
～씨 댁인가요?

3. ～さんを おねがいします。
～씨를 부탁합니다.

4. 失礼ですが、どちらさまですか。
실례지만 누구시지요?

5. しょうしょう お待ち ください。
잠시 기다려 주십시오.

6. お電話 かわりました。
전화 바꿨습니다.

7. いま 外出中です。

いま 出かけて おります。
지금 외출중입니다.

8. メモ おねがいします。
메모 좀 부탁합니다.

9. ～を お伝え ください。
～를 전해 주십시오.

10. また 電話します。
다시 전화하겠습니다.

11. じゃ、しつれいします。
그럼 실례하겠습니다.
(전화 끊겠습니다)

1. 다음 그림을 보고 보기와 같이 대답해 보시오.

보기

これは　えんぴつです。（字を　書く）
→ 字を　書く　ことが　できます。

1) これは　リモコンです。

（テレビを　つける）

2) これは　けしゴムです。（字を　消す）

3) これは　ラジカセです。（音楽を　きく）

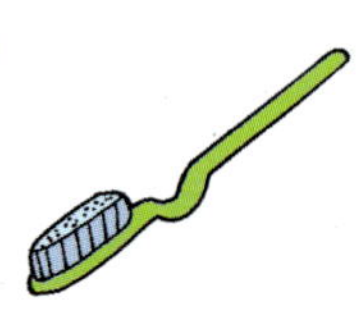

4) これは　歯ブラシです。（歯を　磨く）

2. 다음 물음에 대해 보기와 같이 대답해 보시오.

보기	日曜日には 何を しますか。 → 部屋を そうじしたり 洗濯を したり します。

1) ひまな 日は 何を しますか。
  (買物を する／映画を 見る)

2) 雨の 日は 何を しますか。
  (家で 音楽を 聞く／手紙を 書く)

3) チュソクには 何を しますか。
  (ソンピョンを 食べる／ユンノリを する)

4) 夏休みには 何を しますか。
  (海へ 行く／山に 登る)

Tip

2.
洗濯(せんたく)
「세탁, 빨래」

1) ひまな 日(ひ)
「한가한 날」

映画(えいが)
「영화」

4) 海(うみ)
「바다」

登(のぼ)る
「오르다」

Exercise

3. 다음을 일본어로 옮기시오.

1) 한강에서는 낚시를 할 수 있습니까?

(～る ことが できますか)

2) 경치도 아름답고 좋은 곳이라고 생각했습니다.

(～と 思いました)

3) 다시 한번 가보고 싶군요. (～てみたい)

1.　1) テレビを つける ことが できます。

2) (まちがった)字を 消す ことが できます。

3) 音楽を 聞く ことが できます。

4) 歯を 磨く ことが できます。

2.　1) 買い物を したり 映画を 見たり します。

2) 家で 音楽を 聞いたり 手紙を 書いたり します。

3) ソンピョンを 食べたり ユンノリを したり します。

4) 海へ 行ったり 山に 登ったり します。

3.　1) 漢江では 釣りを する ことが できますか。

2) 景色も きれいで いい 所だと 思いました。

3) もう 一度 行ってみたいですね。

歌舞技(かぶき)는 서민의 연극

能(のう)가 무사계급의 연극이었다면 歌舞技(かぶき)는 서민의 연극이었다. 江戸(えど)시대에 발달·완성되었으며 20C초까지 일본의 연극으로는 歌舞技가 유일한 것이었다. 그래서 일본 전통문화의 대표로 손꼽히기도 한다.

歌舞技 작품은 크게 에도시대 이전의 무가사회로부터 소재를 따온 것과 서민들의 생활을 그린 것으로 나뉘며, 주제 또한 충효·의리·인정 등으로 일반 서민에게 있어 도덕적 지침서의 역할을 하였다. 배우는 모두 남성이어서 여성 역할을 하는 배우를 따로 女形(おやま)라 불렀다. 무대장치는 花道(はなみち ; 관객 쪽으로 삐죽이 뻗어 있는 무대)와 回り舞台(まわりぶたい ; 다음 장면으로 곧 이동할 수 있도록 하는 회전무대) 등 특이하게 고안된 것이 많다. 또 배우의 의상과 화장에 일본 고유의 독특함이 살아 있어 비록 대사를 알아듣지 못한다 하더라도 화려한 무대장치와 의상 및 분장을 지켜 보는 것만으로도 많은 볼거리를 제공한다. 歌舞技를 상연하는 곳은 전국에 퍼져 있는데, 그중에서도 東京(とうきょう)의 歌舞技座(かぶきざ)는 단연 으뜸으로 꼽히는 장소이다. 공연의 전 과정을 음미할 수 있다면 더할 나위 없이 좋겠지만, 시간과 주머니 사정이 허락치 않는다면 공연의 일부만을 볼 수 있는 티켓도 있다. 일본의 전통 歌舞技를 관람하고 나오면 歌舞技座 근처의 銀座(ぎんざ)거리를 여유롭게 거닐어 보자. 세계적인 명품가게들이 줄지어 늘어선 銀座의 대로변을 걷다보면 일본의 전통과 현대의 모습을 함께 맛볼 수 있을 것이다.

part.20 何でも　食べられます。

무엇이든 먹을 수 있습니다.

○〜て　どのぐらいに　なりましたか。
　〜한 지얼마나　　　　　　　됩니까?

○〜に　なれる。
　〜에　　익숙해지다.

○가능동사(동사의 가능형)

○〜の　ほうは　どうですか。
　〜는 어떻습니까?

キム
金　良子さんは　韓国に　来て　どのぐらいに
요시코 씨는　　한국에　온 지　얼마나

なりますか。
됩니까?

よしこ
良子　そうですね、そろそろ　6か月に　なりますね。
글쎄요.　　　　그럭저럭　　6개월이　　되네요.

金　じゃ、もう　韓国の　生活にも　慣れたでしょうね。
그럼,　　이제　한국　　생활에도　　익숙해졌겠군요.

良子　ええ、もう　特に　不便な　ことは　ないんです。
네,　　이제는 특별히 불편한　점은　　없어요.

金 ひまな 日は 何を しますか。
한가한 날은 무엇을 합니까?

良子 となりの 友達と 買物に 行ったり、
이웃에 사는 친구와 쇼핑을 나가기도 하고,

または 日本 料理を 作って 食べたり します。
또는 일본 음식을 만들어 먹기도 합니다.

金 日本の 料理ですか。韓国の 食べ物が 口に
일본 음식이요? 한국의 음식이 입에

合わないんですか。
맞지 않나요?

- **そろそろ** 이제 슬슬
- **6か月**(ろっかげつ) 6개월
- **生活**(せいかつ) 생활
- **～に 慣**(な)**れる** ～에 익숙해지다
- **特**(とく)**に** 특별히
- **不便**(ふべん)**だ** 불편하다
- **ひまだ** 한가하다
- **となり** 이웃, 이웃집
- **買物**(かいもの) 쇼핑
- **または** 또는, 혹은
- **料理**(りょうり) 요리
- **作**(つく)**る** 만들다
- **口**(くち)**に 合**(あ)**う** 입맛에 맞다(관용구)

良子 そんな こと ないんです。
그렇지 않아요.

韓国の 食べ物にも もう 慣れて いて 何でも
한국의 음식에도 이제는 익숙해져서 아무거나

食べられますよ。
먹을 수 있는걸요.

そうじゃ なくて、たまに 日本が なつかしい
그런 것이 아니라, 때때로 일본이 그리울

時、手軽に できる うどんとか すきやきなどを
때는 손쉽게 할 수 있는 우동이나 전골요리 등을

作って 食べたら 気分が 晴れるんです。
만들어 먹으면 기분이 좋아지거든요.

金 まあ、なるほど。
과연 그렇겠군요.

じゃあ 韓国語の ほうは どうですか。
그럼 한국어는 어떻습니까?

良子 それが ちょっと…、まだ 上手には 話せません。
그게 좀… 아직 능숙하게는 말할 수 없어요.

- そんな 그런, 그러한
- なんでも 무엇이든
- 食(た)べられる 먹을 수 있다
- たまに 때때로
- なつかしい 그립다
- 手軽(てがる)に 손쉽게
- うどん 우동
- ～とか ～라든지, ～든지

金　　　　　そんな　こと　ないです。
그렇지　　　　　　　　않아요.

　　　　　　よし こ
　　　　　　良子さんは　うまいですよ。
요시코 씨는　　　　잘하는걸요.

　　　　　　でも　これからも　がんばって　ください。
하지만　앞으로도　　　　　힘내세요.

새단어

- **すきやき**　전골요리(일본요리 중의 하나)
- **〜など**　〜등
- **気分**(きぶん)**が　晴**(は)**れる**　기분이 좋다
- **なるほど**　그야말로
- **話**(はな)**せる**　말할 수 있다
- **うまい**　잘하다
- **がんばる**　힘내다, 분발하다

Grammar

1. ～て どのぐらいに なりますか

우리말 표현은 '～한 지 얼마나 됩니까?'이다. 즉, 어떤 동작이나 상황이 행해진 이후의 경과된 시간을 묻는 표현이다.

川村さんが 帰って どのぐらいに なりますか。

(가와무라 씨가 돌아간 지 얼마나 됩니까?)

> ✿ ～て どのぐらい…
> 「～한 지 얼마나 …」

2. 口に 合う

'입맛에 맞다'라는 뜻의 관용구이다.

> ✿ 口(くち)に 合(あ)う
> 「입맛에 맞다」

3. そんな こと ないんです。

우리말 표현은 '그렇지 않아요/그럴 리가 있나요'에 해당한다. 상대방의 의견에 반론을 제기하고자 할 때 쓰인다.

> ✿ そんな こと ないんです
> 「그렇지 않아요」 상대방 의견에 반론을 제기할 때.

4. なるほど

'과연/정말'이라는 의미로, 상대방의 말에 긍정할 때나 맞장구를 쳐 줄 때 자주 쓴다. 상대방 말에 대한 적극적인 반응이 중요한 일본어에서는 아주 많이 사용되는 말이다.

5. ～の ほうは どうですか

우리말 표현은 '～쪽은 어떻습니까?'에 해당한다. 앞뒤 내용에 따라 달라질 수 있으나 본문에서는 '잘 진행되고 있습니까?'의 의미로 쓰였다.

6. うまいですよ。

'うまい'는 '잘하다/솜씨가 뛰어나다(上手だ)'의 뜻 외에도 '음식이 맛있다(おいしい)'의 의미로도 자주 사용된다.

7. がんばって ください。

'힘내세요!/열심히 하세요!'의 뜻으로, 상대방을 격려하고자 할 때 쓰인다. 손아랫사람에게는 'がんばってね！' 운동경기에서 같은 팀을 응원할 때는 'がんばれ！'하는 외침도 많이 들을 수 있다.

なかむらくん
中村君 がんばってね！

(나카무라 군 힘내!)

にほんごか
がんばれ、日本語科！

(일본어과 화이팅!)

가능동사

동사의 종류에 따른 가능형의 활용형태는 다음과 같다.

1. 1단동사 — 어미 '<ruby>る<rt></rt></ruby>'를 떼고 'られる'를 붙인다.

    食べる(먹다) → 食べられる(먹을 수 있다)

    起きる(일어나다) → 起きられる(일어날 수 있다)

2. 변격동사 — 'する·来る' 두 동사의 가능형은 그대로 암기한다.

    来る(오다) → 来られる(올 수 있다)

    する(하다) → できる(할 수 있다)

3. 5단동사 — 어미를 え단으로 고치고 'る'를 붙인다.

    書く(쓰다) → 書ける(쓸 수 있다)

    飲む(마시다) → 飲める(마실 수 있다)

    帰る(돌아가다) → 帰れる(돌아갈 수 있다)

    行く(가다) → 行ける(갈 수 있다)

동사의 가능표현에는 동사의 가능형과 '기본형＋ことが できる'의 문형을 이용한 방법 두 가지가 있는데 동사의 가능형에 비해 '기본형＋ことが できる' 쪽이 약간 딱딱한 표현이라고 할 수 있다.

가능표현 앞에는 조사 を가 아닌 **が**가 쓰인다는 것에 주의하자.

    この 漢字の よみがなが 書けますか。

    (이 한자의 독음을 쓸 수 있습니까?)

料理の ことば
요리말

水で 洗う 물로 씻는다

小さく 切る 잘게 썬다

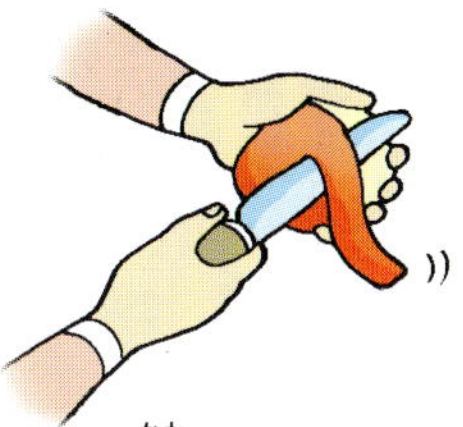

皮を むく 껍질을 벗기다

肉を 焼く 고기를 굽다

スパゲッティを ゆでる 스파게티를 삶다

さらに 盛る
접시에 담다

なべを 熱する
냄비를 달구다

強火で 炒める
센불로 볶다

野菜を 煮る
야채를 익히다

味を つける
맛을 내다

塩を かける
소금을 뿌리다

연습문제

1. 다음 빈 칸을 채우시오. ( ) 안은 동사의 종류 구별 표시임. Tip

기본형	가능형	기본형	가능형
1) 来る(변)		する(변)	
2) 教える(1)		待つ(5)	
3) 切る(5)		洗う(5)	
4) 読む(5)		出る(1)	
5) 着く(5)		歌う(5)	
6) 泳ぐ(5)		飛ぶ(5)	
7) 食べる(1)		書く(5)	

1.

① 1단동사 ─ 어미 'る'를 떼고 'られる'를 붙인다.

② 변격동사

　する → できる

　来る → こられる

③ 5단동사 ─ 어미를 え단으로 고치고 'る'를 붙인다.

2. 다음 보기와 같이 가능형의 문장으로 바꾸시오. Tip

보기	日本の 歌を 歌う。 → 日本の 歌を 歌えますか。 → いいえ、歌えません。

2.

1) 使(つか)う

　「사용하다」

1) コンピューターを 使う。

2) 5時_じまでには 着_つく。

3) フランス語_ごで 話_{はな}す。

4) この 魚_{さかな}は 食_たべる。

3. 다음을 일본어로 옮기시오.

1) 山田_{やまだ} 씨가 일본으로 돌아간 지 얼마나 되었습니까?
 (～て どのぐらいに なりましたか)

2) 음식에는 이미 익숙해졌습니다. (もう ～に 慣_なれる)

2) 着(つ)く
 「도착하다」

 ～までに
 「(적어도) ～까지는」

3) フランス語
 「프랑스어」

4) 魚(さかな)
 「생선」

3.
2) 음식
 「食(た)べ物(もの)」

Exercise

3) 회사생활은 어떻습니까？(〜の　ほうは　どうですか)

3) 생활
「生活(せいかつ)」

1.
1）こられる／できる

2）教えられる／待てる

3）切れる／洗える

4）読める／出られる

5）着ける／歌える

6）泳げる／飛べる

7）食べられる／書ける

2.
1）コンピューターを　使えますか。

　　いいえ、使えません。

2）5時までには　着けますか。

　　いいえ、5時までには　着けません。

3）フランス語で　話せますか。

　　いいえ、フランス語で　話せません。

4）この　魚は　食べられますか。

　　いいえ、この　魚は　食べられません。

3.
1）山田さんが　日本に　帰って　どのぐらいに　なりましたか。

2）もう　食べ物に　慣れました。

3）会社の　生活の　ほうは　どうですか。

* 부록

일본어 쓰기 교본

始작이 반이라는 말이 있습니다. 일본어를 배울 때 가장 첫 단계가 오십음도, 즉 46개의 글자를 익히는 것입니다. 처음부터 큰 계획을 설정하여 그런 부담감 속에 지치지 말고 쓰는 연습부터 시작하여 차근차근 알차게 일본어를 정복합시다. 단순히 쓰기 연습이라 생각하지 말고 일본어를 정복하기 위해 처음 내딛는 중요한 걸음이란 마음으로 열심히 쓰면서 외웁시다!

오십음도

ひらがな(히라가나)

	あ단	い단	う단	え단	お단
あ행	あ a	い i	う u	え e	お o
か행	か ka	き ki	く ku	け ke	こ ko
さ행	さ sa	し shi	す su	せ se	そ so
た행	た ta	ち chi	つ tsu	て te	と to
な행	な na	に ni	ぬ nu	ね ne	の no
は행	は ha	ひ hi	ふ hu	へ he	ほ ho
ま행	ま ma	み mi	む mu	め me	も mo
や행	や ya		ゆ yu		よ yo
ら행	ら ra	り ri	る ru	れ re	ろ ro
わ행	わ wa				を o
	ん n				

カタカナ(가타카나)

	ア단	イ단	ウ단	エ단	オ단
ア행	ア a	イ i	ウ u	エ e	オ o
カ행	カ ka	キ ki	ク ku	ケ ke	コ ko
サ행	サ sa	シ shi	ス su	セ se	ソ so
タ행	タ ta	チ chi	ツ tsu	テ te	ト to
ナ행	ナ na	ニ ni	ヌ nu	ネ ne	ノ no
ハ행	ハ ha	ヒ hi	フ hu	ヘ he	ホ ho
マ행	マ ma	ミ mi	ム mu	メ me	モ mo
ヤ행	ヤ ya		ユ yu		ヨ yo
ラ행	ラ ra	リ ri	ル ru	レ re	ロ ro
ワ행	ワ w				ヲ o
	ン n				

あ행

あ	い	う	え	お
아[a]	이[i]	우[u]	에[e]	오[o]

あ あ い い う う え え お お

ア	イ	ウ	エ	オ
아[a]	이[i]	우[u]	에[e]	오[o]

ア ア イ イ ウ ウ エ エ オ オ

か 행
かき くけこ
가[ka] 기[ki] 구[ku] 게[ke] 고[ko]
かか きき くく けけ ここ

カキクケコ
가[ka] 기[ki] 구[ku] 게[ke] 고[ko]
カカ キキ クク ケケ ココ

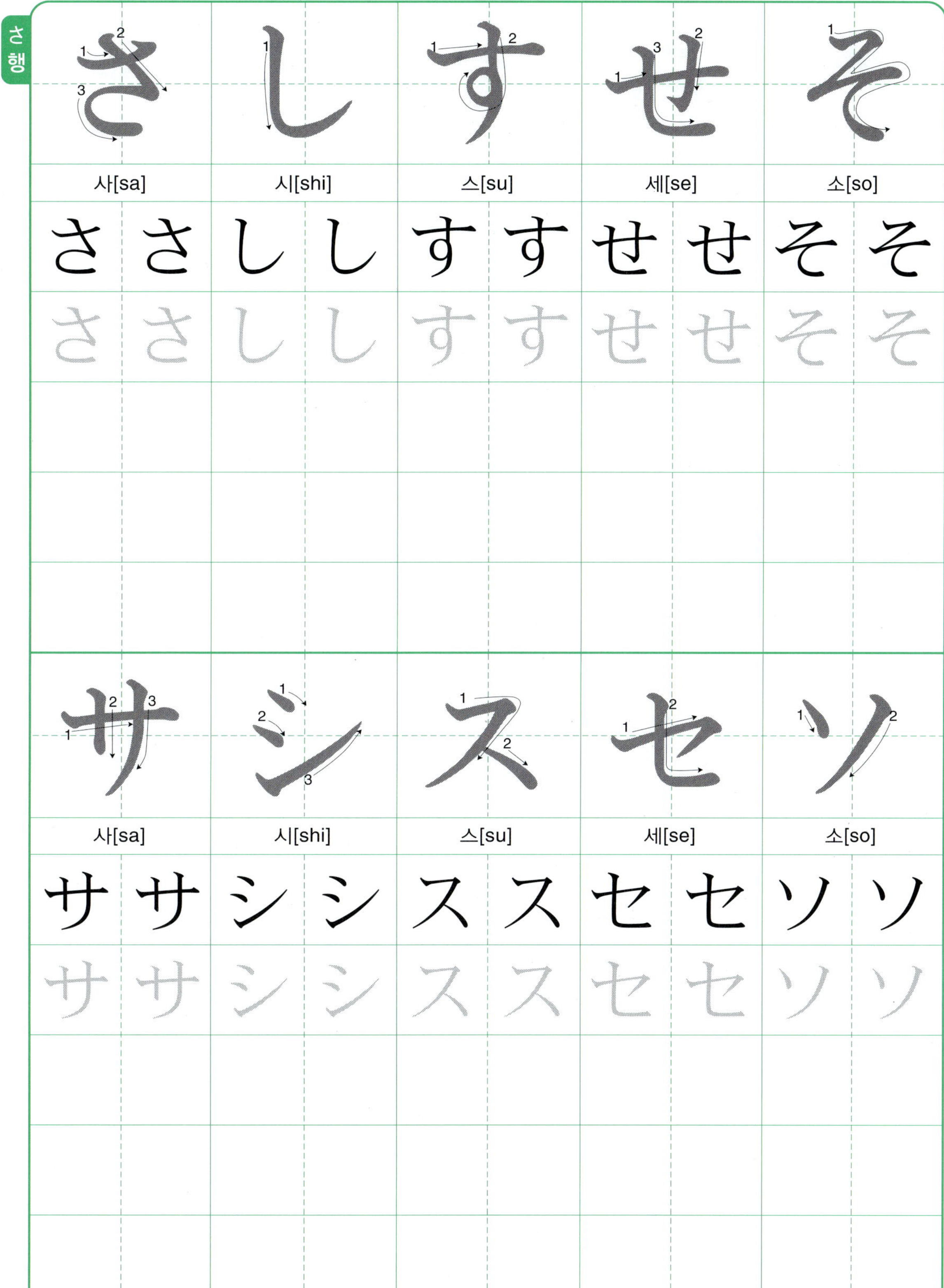

사[sa]	시[shi]	스[su]	세[se]	소[so]
さ さ	し し	す す	せ せ	そ そ

사[sa]	시[shi]	스[su]	세[se]	소[so]
サ サ	シ シ	ス ス	セ セ	ソ ソ

다[ta]	찌[chi]	쯔[tsu]	데[te]	도[to]

た た ち ち つ つ て て と と

た た ち ち つ つ て て と と

다[ta]	찌[chi]	쯔[tsu]	데[te]	도[to]

タ タ チ チ ツ ツ テ テ ト ト

タ タ チ チ ツ ツ テ テ ト ト

な　に　ぬ　ね　の

나[na]　니[ni]　누[nu]　네[ne]　노[no]

な　な　に　に　ぬ　ぬ　ね　ね　の　の

ナ　ニ　ヌ　ネ　ノ

나[na]　니[ni]　누[nu]　네[ne]　노[no]

ナ　ナ　ニ　ニ　ヌ　ヌ　ネ　ネ　ノ　ノ

は	ひ	ふ	へ	ほ
하[ha]	히[hi]	후[hu]	헤[he]	호[ho]

は は ひ ひ ふ ふ へ へ ほ ほ

ハ	ヒ	フ	ヘ	ホ
하[ha]	히[hi]	후[hu]	헤[he]	호[ho]

ハ ハ ヒ ヒ フ フ ヘ ヘ ホ ホ

마[ma]	미[mi]	무[mu]	메[me]	모[mo]
ま ま	み み	む む	め め	も も

마[ma]	미[mi]	무[mu]	메[me]	모[mo]
マ マ	ミ ミ	ム ム	メ メ	モ モ

や행

야[ya]	유[yu]	요[yo]
や	ゆ	よ
や　や	ゆ　ゆ	よ　よ
や　や	ゆ　ゆ	よ　よ

야[ya]	유[yu]	요[yo]
ヤ	ユ	ヨ
ヤ　ヤ	ユ　ユ	ヨ　ヨ
ヤ　ヤ	ユ　ユ	ヨ　ヨ

♣ **히라가나 쓰기 요령**

▷ 원을 그리듯이 펜을 돌린다.

つ　ら　わ

▷ 노끈을 맬 때의 모양으로 돌린다.

ね　ま　よ

▷ 직사각형이 되게 한다.

い　つ　へ

▷ 정사각형이 되게 한다.

に　は　ほ

▷ 삼각형이 되게 한다.

ふ　み　ん

▷ 역삼각형·마름모 꼴이 되게 한다.

て　す　そ

▷ 한쪽을 높게 한다.

ぬ　め

ら	り	る	れ	ろ
라[ra]	리[ri]	루[ru]	레[re]	로[ro]

ら　ら　り　り　る　る　れ　れ　ろ　ろ

ラ	リ	ル	レ	ロ
라[ra]	리[ri]	루[ru]	레[re]	로[ro]

ラ　ラ　リ　リ　ル　ル　レ　レ　ロ　ロ

わ행・ん

わ を ん
와[wa]　오[o]　응[n]
わ わ を を ん ん
わ わ を を ん ん

ワ ヲ ン
와[wa]　오[o]　응[n]
ワ ワ ヲ ヲ ン ン
ワ ワ ヲ ヲ ン ン

♣ 모양이 비슷한 히라가나와 가타카나

あ お　い り
う ら　き さ
た な　ぬ め
は ほ　ま も
る ろ
ね れ わ

ア マ　ウ ワ
ク タ　ケ チ
コ ユ　シ ツ
ス ヌ　セ ヤ
ソ ン　ヘ ハ
マ ム　メ ヌ
ラ ヲ　ヲ ヨ
フ ワ ウ

あ	い	う	え	お	か	き	く	け	こ
あ	い	う	え	お	か	き	く	け	こ

ア	イ	ウ	エ	オ	カ	キ	ク	ケ	コ
ア	イ	ウ	エ	オ	カ	キ	ク	ケ	コ

さ し す せ そ た ち つ て と

サ シ ス セ ソ タ チ ツ テ ト

なにぬねの　はひふへほ

ナニヌネノ　ハヒフヘホ

ま	み	む	め	も	や		ゆ		よ
ま	み	む	め	も	や		ゆ		よ

マ	ミ	ム	メ	モ	ヤ		ユ		ヨ
マ	ミ	ム	メ	モ	ヤ		ユ		ヨ

ら	り	る	れ	ろ	わ		を		ん
ら	り	る	れ	ろ	わ		を		ん

ラ	リ	ル	レ	ロ	ワ		ヲ		ン
ラ	リ	ル	レ	ロ	ワ		ヲ		ン

あ단	あ	か	さ	た	な	は	ま	や	ら	わ
い단	い	き	し	ち	に	ひ	み		り	
う단	う	く	す	つ	ぬ	ふ	む	ゆ	る	
え단	え	け	せ	て	ね	へ	め		れ	
お단	お	こ	そ	と	の	ほ	も	よ	ろ	を

ア단	ア	カ	サ	タ	ナ	ハ	マ	ヤ	ラ	ワ
イ단	イ	キ	シ	チ	ニ	ヒ	ミ		リ	
ウ단	ウ	ク	ス	ツ	ヌ	フ	ム	ユ	ル	
エ단	エ	ケ	セ	テ	ネ	ヘ	メ		レ	
オ단	オ	コ	ソ	ト	ノ	ホ	モ	ヨ	ロ	ヲ

が행

が	ぎ	ぐ	げ	ご
가[ga]	기[gi]	구[gu]	게[ge]	고[go]

が が ぎ ぎ ぐ ぐ げ げ ご ご

ガ	ギ	グ	ゲ	ゴ
가[ga]	기[gi]	구[gu]	게[ge]	고[go]

ガ ガ ギ ギ グ グ ゲ ゲ ゴ ゴ

ざ　じ　ず　ぜ　ぞ

자[za]　지[ji]　즈[zu]　제[ze]　조[zo]

ざ　ざ　じ　じ　ず　ず　ぜ　ぜ　ぞ　ぞ

ザ　ジ　ズ　ゼ　ゾ

자[za]　지[ji]　즈[zu]　제[ze]　조[zo]

ザ　ザ　ジ　ジ　ズ　ズ　ゼ　ゼ　ゾ　ゾ

だ	ぢ	づ	で	ど
다[da]	지[ji]	즈[zu]	데[de]	도[do]

だ だ ぢ ぢ づ づ で で ど ど

ダ	ヂ	ツ	デ	ド
다[da]	지[ji]	즈[zu]	데[de]	도[do]

ダ ダ ヂ ヂ ヅ ヅ デ デ ド ド

ば	び	ぶ	べ	ぼ
바[ba]	비[bi]	부[bu]	베[be]	보[bo]

ば ば び び ぶ ぶ べ べ ぼ ぼ

バ	ビ	ブ	ベ	ボ
바[ba]	비[bi]	부[bu]	베[be]	보[bo]

バ バ ビ ビ ブ ブ ベ ベ ボ ボ

ぱ행

ぱ	ぴ	ぷ	ぺ	ぽ
파[pa]	피[pi]	푸[pu]	페[pe]	포[po]

ぱぱ ぴぴ ぷぷ ぺぺ ぽぽ

パ	ピ	プ	ペ	ポ
파[pa]	피[pi]	푸[pu]	페[pe]	포[po]

パパ ピピ ププ ペペ ポポ

278

が ぎ ぐ げ ご ざ じ ず ぜ ぞ

ガ ギ グ ゲ ゴ ザ ジ ズ ゼ ゾ

だ ぢ づ で ど ば び ぶ べ ぼ

ダ ヂ ヅ デ ド バ ビ ブ ベ ボ

ぱ ぴ ぷ ぺ ぽ
ぱ ぴ ぷ ぺ ぽ

パ ピ プ ペ ポ
パ ピ プ ペ ポ

きゃ	きゅ	きょ	ぎゃ	ぎゅ	ぎょ
갸[kya]	규[kyu]	교[kyo]	갸[gya]	규[gyu]	교[gyo]
きゃ	きゅ	きょ	ぎゃ	ぎゅ	ぎょ

キャ	キュ	キョ	ギャ	ギュ	ギョ
갸[kya]	규[kyu]	교[kyo]	갸[gya]	규[gyu]	교[gyo]
キャ	キュ	キョ	ギャ	ギュ	ギョ

しゃ	しゅ	しょ	じゃ	じゅ	じょ
샤[sha]	슈[shu]	쇼[sho]	쟈[zya]	쥬[zyu]	죠[zyo]
しゃ	しゅ	しょ	じゃ	じゅ	じょ

シャ	シュ	ショ	ジャ	ジュ	ジョ
샤[sha]	슈[shu]	쇼[sho]	쟈[zya]	쥬[zyu]	죠[zyo]
シャ	シュ	ショ	ジャ	ジュ	ジョ

ちゃ	ちゅ	ちょ	にゃ	にゅ	にょ
쨔[cha]	쮸[chu]	쬬[cho]	냐[nya]	뉴[nyu]	뇨[nyo]

チャ	チュ	チョ	ニャ	ニュ	ニョ
쨔[cha]	쮸[chu]	쬬[cho]	냐[nya]	뉴[nyu]	뇨[nyo]

ひゃ	ひゅ	ひょ	びゃ	びゅ	びょ
햐[hya]	휴[hyu]	효[hyo]	뱌[bya]	뷰[byu]	뵤[byo]
ひゃ	ひゅ	ひょ	びゃ	びゅ	びょ

ヒャ	ヒュ	ヒョ	ビャ	ビュ	ビョ
햐[hya]	휴[hyu]	효[hyo]	뱌[bya]	뷰[byu]	뵤[byo]
ヒャ	ヒュ	ヒョ	ビャ	ビュ	ビョ

みゃ	みゅ	みょ	りゃ	りゅ	りょ
먀[mya]	뮤[myu]	묘[myo]	랴[rya]	류[ryu]	료[ryo]
みゃ	みゅ	みょ	りゃ	りゅ	りょ

ミャ	ミュ	ミョ	リャ	リュ	リョ
먀[mya]	뮤[myu]	묘[myo]	랴[rya]	류[ryu]	료[ryo]
ミャ	ミュ	ミョ	リャ	リュ	リョ

ぴゃ	ぴゅ	ぴょ			
퍄[pya]	퓨[pyu]	표[pyo]			
ぴゃ	ぴゅ	ぴょ			

ピャ	ピュ	ピョ			
퍄[pya]	퓨[pyu]	표[pyo]			
ピャ	ピュ	ピョ			

자신있게 시작하는
독학 일본어첫걸음

초판 1쇄 발행 2010년 12월 10일
23쇄 발행 2024년 4월 15일

발행인 박해성
발행처 정진출판사
지은이 최윤경
편집 김양섭, 박주홍
기획마케팅 이훈, 손지한
삽화/디자인 허다경
출판등록 1989년 12월 20일 제6-95호
주소 136-130 서울시 성북구 하월곡동 10-6호
전화 02-917-9900
팩스 02-917-9907
홈페이지 www.jeongjinpub.co.kr

ISBN 978-89-5700-106-6 *13730

Copyright ⓒ 2010 정진출판사